上百幅手繪全景地圖，可拉頁展開

用全景地圖學世界史上

史前到中古時期

魏新 編寫　星蔚時代 編繪

余慶俊 校訂

目錄
CONTENTS

地圖上的歷史時光之旅

「井蛙不可以語於海，夏蟲不可以語於冰。」孩子的見聞直接決定著他的視野，影響著他成長的高度，尤其在全球一體化的今天，「博古通今」、「學兼中外」已經成為孩子綜合素養的基本要求。

翻開這套《用全景地圖學世界史》，浩如煙海的人類文明如同畫卷般徐徐展開，帶著孩子與早期智人一起捕獵，與蘇美爾人一起發明文字，與古羅馬軍團一道征戰南北，與古希臘詩人一併書寫神話，與古印度哲人一同探求人生的真諦……。

這是一部獻給孩子的世界歷史。書中精選了數百個精彩的歷史故事，上百張精美絕倫的全景圖畫，數十幅準確權威的歷史地圖……詳盡有序地展現了世界各大文明的歷史變遷、文化進步、技術革新和思想革命。同時，每一時期都設置了時間線把世界和中國的重大歷史事件進行比照，讓孩子清晰直觀地知曉中國和世界各地同時期的歷史變遷，讓孩子能夠立足世界看中國，同時也從中國的角度瞭解世界。

在此，特別感謝中國社會科學院世界歷史研究所的孟慶龍和張煒兩位專家嚴謹把關，也感謝星蔚插畫團隊的魏雪明、周群詩、鄒福慶、玄子等老師為孩子們獻上如此精美的圖畫。

那麼，讓我們一起打開這套書，開啟一段地圖上的歷史時光之旅吧！

魏 新

史前時期
（西元前 3500 年以前）

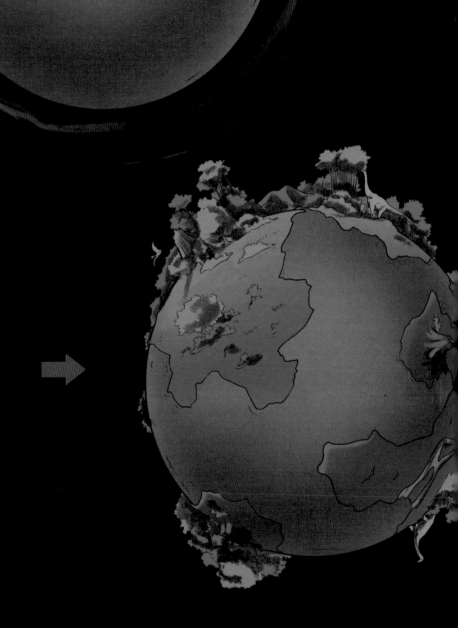

地球形成與生物誕生

　　大約 50 億年前，宇宙開始出現一團星雲，它不斷吸附宇宙中的其他物質，經過數千萬年，這團星雲形成了一個球體，這就是早期的地球。又過了數億年，球體的表面被水灌滿，形成了海洋。慢慢地，這個「大水球」上開始出現生物，陸地也從海水中浮現。經過數十億年的繁衍，生物幾乎遍布了整個地球。

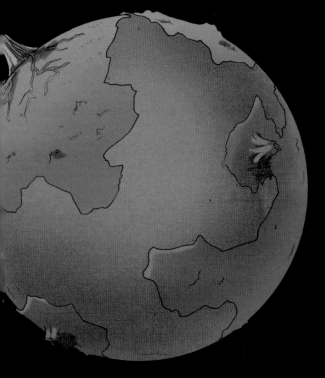

在生物進化過程中，年輕的地球曾經「發怒」過幾次，時而「冰冷徹骨」，時而「火冒三丈」。在大約 6000 萬年前，它的情緒穩定了許多，生物才開始積極繁衍。

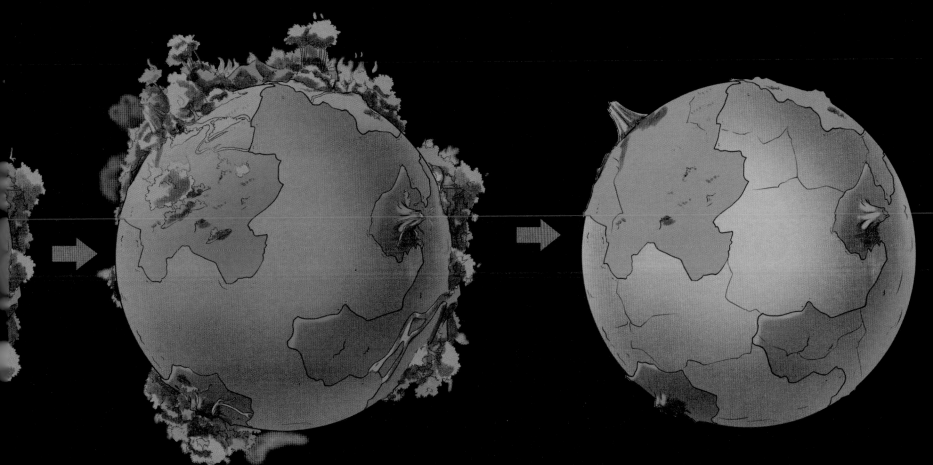

雙鰭魚
長有肉鰭，離開水面後
能短暫呼吸。

怪誕蟲
最早發現於加拿大，是寒武
紀著名的動物。

柵魚類
最早進化出頜的魚類之一。

· 遠古生物 ·
地球上終於有生物啦！

　　距今 38 億年前，地球上還沒有出現陸地，整個地球是「一片汪洋」。此時，最早的生物開始出現，從一個簡單的細胞逐漸進化成各式各樣的物種。於是，一個精彩而充滿樂趣的世界誕生了！

腔棘魚
長有肉鰭，喜愛待在河床上。

三葉蟲
史前時期非常繁盛，稱
霸海洋。

海蠍子
蜘蛛和蠍子的「老祖宗」。

皮卡
寒武紀的一類動
是包括人類在內
動物的祖先。

「熱鬧」的海洋

在茫茫深海中，生物經歷了 30 多億年的進化。在這期間，千奇
百怪的物種層出不窮。有「瘦骨嶙峋」的怪誕蟲，有堅殼硬腦的鐮
甲魚，還有全副武裝的三葉蟲 …… 在這些生物中，有一種名為皮卡
蟲的生物脫穎而出，它的背部進化出了一條細細的「管道」，這根
細小的管道最後形成一根完整的脊椎。沒錯，我們人類背上的那根
脊柱，就是這麼進化來的。所以，皮卡蟲也經常被人們稱為「寒武
紀海洋的人類祖先」。

陸地上的霸主

在整個恐龍時代，各式各樣的恐龍遍布整個陸地。它們中有高高大大、以樹葉為食的長頸龍，有小巧靈活、時常群體出沒的始盜龍，有威武霸氣、捕食其他恐龍的暴龍，也有全副武裝、「披甲持盾」的三角龍⋯⋯它們在古老的陸地上不斷繁衍，生生不息，成了那個時代當之無愧的陸地霸主！

翼龍

暴龍

巨鱷

背甲龍

三角龍

· 恐龍時代 ·

哇！恐龍來啦！

在三疊紀、侏羅紀和白堊紀時期，爬行動物稱霸地球長達 2 億年。這一階段，不管是陸地、海洋還是天空，都有恐龍的身影。

恐龍的祖先

距今 2.5 億年的三疊紀，有一種名為「新巴士鱷」的小動物正在樹叢間跳躍，捕捉在天空中飛的蜻蜓或者其他昆蟲。「新巴士鱷」的小腿強壯又有力，它們動作敏捷、身手不凡，很快便成為整個叢林中的「捕食冠軍」。就是這群

身高不到 30 釐米的「小傢伙」，在不久後，居然進化出許多物種。它們中有的飛上了天空，有的進入了大海，有的稱霸陸地 …… 後世學者給它們取了一個統一的名字——恐龍！

始盜龍

腕龍

美頜龍

無頜魚
最早的脊椎動物之一。

鐮甲魚
體型扁平，無頜，身披堅硬
的鎧甲，喜愛貼著海底。

鸚鵡螺
有著很多的觸角，行動
敏捷。

莫伊魚
外形跟現代魚類很接近，
尤其是鰭的形狀呈現出放
射狀。

蟲
物，它可能
的所有脊椎

走向陸地

大約在 27 億年前，陸地逐漸浮出海面。又過了大約 22 億年，
陸地上開始出現植物，茂盛的植物吸引了一些以植物為食的海洋動
物，它們開始走向陸地去尋找食物。緊接著，肉食動物也追著草食
動物上了岸，陸地上開始變得生機勃勃。

・生物復甦・
從萬里冰封到春暖花開

恐龍滅絕後，地球又經過數千萬年的演化，再次變得生意盎然。

冰河時期

距今約 300 萬年，地球進入「第四紀冰期」。這時的地球到處被冰川覆蓋。寒冷的天氣讓許多動物都躲藏在洞穴裡面，不敢外出。然而，這種天氣對於渾身長滿長毛的猛獁象而言卻猶如「天堂」。猛獁象和麋鹿、野牛、北極熊等動物一同生活在這片冰與雪的大地上，遺憾的是，隨著氣候慢慢變暖，猛獁象從地球上漸漸消失了。

猛獁象

聚在一起取暖的熊

恐龍滅亡

關於恐龍滅亡的說法有很多種，其中有一種是說距今 6500 萬年，一顆小行星撞擊了地球，引發了滔天災難！火山激烈噴發，海浪不斷翻滾，整個地球的環境發生了巨大變化。曾經生活安逸的恐龍在這種巨變之下無法繼續生存，漸漸地，它們滅絕了。

恐龍骨架

異龍

傷齒龍

腕龍

天空的統治者

約 7000 萬年前，鳥兒尚未出現，翼龍是天空的主人。它們在高山上築巢，以小魚和昆蟲為食來撫養自己的下一代。而那些破殼而出的小翼龍也會在很短的時間長出巨大的雙翼，在恐龍時代的天空中展翅翱翔。

沼澤裡的「殺手」

當恐龍在陸地上稱王稱霸的時候，另一群爬行動物已經悄悄地隱藏在沼澤與湖泊中，正張著血盆大口等待著自投羅網的獵物。它們中有一種名為「巨鱷」的龐然大物，最為兇險，就連暴龍也畏懼它們三分。

梁龍

副櫛龍

劍龍

滑齒龍

蛇頸龍

天氣轉暖

距今約 2 萬年，冰川開始消融，大地重新進入春暖花開的時期。適宜的氣候，給動物們提供了繁衍生息的環境，許多攻擊力較強的物種紛紛出現。它們仗著自己身強體壯、兇猛頑強，四處捕食那些比自己弱小的動物。而此時，生活在叢林樹上的古猿，面對地面的世界，開始躍躍欲試……。

阿根廷巨鷹

捕食

兔子

渡渡鳥

斑驢　　恐鳥　　猛獁象　　蒙古安氏中獸　　大海雀　　石爪獸

巨犀

巨蟒

古猿

蜥蜴

劍齒虎

· 史前人類·

新的地球霸主出現

距今約 550 萬年，南方古猿從樹上跳到地面生活，標誌著人類歷史就此揭開序幕。

從猿到人

距今約 250 萬年，早期的猿人開始出現，他們被稱為「能人」。能人身上還保留著大量的猿類特徵，他們會使用簡單的工具。

大約 50 萬年後，能人開始向「早期智人」進化。他們會搭建房屋，利用獸皮保暖，並創造了一些早期的文化。

約西元前 3 萬年前，「晚期智人」登上歷史舞臺。他們的容貌與現代人很接近，並建立了最早的氏族社會，能夠在洞穴壁上畫出各種圖案。他們沒有固定的家，哪裡有充足的食物和水源就搬到哪裡居住。

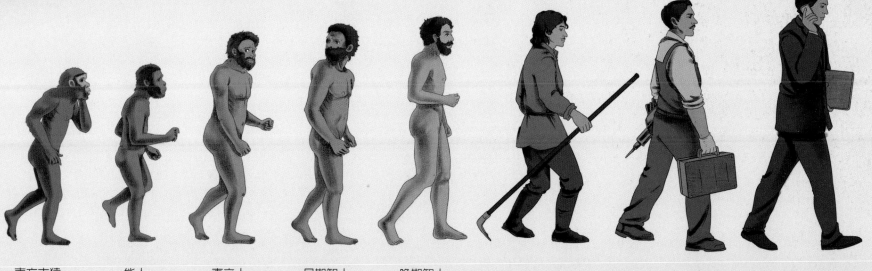

南方古猿
最早兩足行走
的原始人類。

能人
懂得製造和使
用工具。

直立人
開始直立行走。

早期智人
創造早期人類
文化。

晚期智人
有史以來人類演
化的最後階段。

危機四伏的史前時期

　　史前時期的人類，生活十分艱辛。為了生存，他們揮舞著簡陋的武器和石塊與各種猛獸搏鬥。許多人死在了大象的長牙或大黑熊的利爪下，倖存下來的人用野獸的骨頭和毛皮搭建房子，並逐漸掌握了生火的技巧——這項本領讓古人類的生活發生了質的飛躍。從此，早期文明慢慢出現了。

圍捕大象

晚期智人生活場景

向人們發起攻擊的熊

人們學會使用
石頭做的武器
攻擊野獸

人類大遷徙

據說在很早很早以前，人類主要生活在非洲的東非大裂谷。後來，隨著環境的變化，一部分人開始走出非洲，向世界各地遷徙。同一時期的中國大地上也出現了本地「土產」的猿類先祖，並進化為古老的中國猿人。

亞洲

歐洲

北美洲

非

大 洋 洲

澳大利亞

南美洲

史前人類遷徙圖

用大象的骨架和
獸皮搭建起帳篷

嘗試在山洞居住

打磨石器

學會使用
自然火

17

負責守衛洞口的人

懂得使用火來照明

準備外出打獵的男人

烤製食物

打磨石器作
為裝飾品

收集木柴當作燃料

石器時期

　　隨著人類的不斷進化，古人類的智力有所提升。慢慢地，他們學會
了使用工具。更重要的是，他們萌生了對美的追求及對藝術的感悟。

　　在法國的拉斯科洞窟內，保存著人類歷史上最早的繪畫圖案——遠
古的人們發明了古老的顏料，將牛、羊和自己的形象繪製在岩壁上。

　　有了智慧，有了思想，開啟了藝術天賦的人們逐漸走出了山洞，他
們搭建房屋、點燃篝火，開始創造人類文明。

岩畫

埋葬逝去的人

用獸皮縫製衣服

你知道嗎？

中國最早的直立人 —— 元謀人

距今約 170 萬年，元謀人生活在中國雲南元謀縣一帶。他們會製作和使用簡單的石器來打獵，是最早使用火的原始人類之一。

中國山頂洞人製造的石器

歐洲

在約 4500 年前，古希臘人用他們的智慧使歐洲走在了世界的前列。隨著亞歷山大大帝四處征伐、開疆拓土，東西方文明開始交流、融合。

因紐特人

歐洲

古希臘

波斯帝國

亞洲

古巴比倫帝國

大禹治水

非洲部落

非洲

非洲

距今約 5000 年，聰明的古埃及人建造了高大雄偉的金字塔。他們的最高領袖——法老，將神的權威傳播到了王國的每一個角落。

大洋洲

大洋洲

沉寂的澳大利亞大陸還處於原始狀態，塔斯馬尼亞人正手持石器追逐著袋鼠和鴯鶓。

愛斯基摩人

北美洲

印第安人

南美洲

美洲

令人驚歎的是，在遙遠的美洲大地上，聰明的馬雅人已經創造了十分先進的天文曆法。

亞洲

在兩河流域的土地上，蘇美爾人創造了人類最早的文明，吸引著人們來到這裡。

阿利安人在印度半島上建立了種姓制度，來區分不同的階層。在黃河流域，中華文明也開始孕育、成長。

古文明時期

（西元前 3500 年—5 世紀）

古老的人類從蠻荒中走來，在大江大河的哺育下，創造了早期的人類文明。古老的火種照亮了黑暗的夜空，在 5000 年人類文明的歷史長河裡，熠熠生輝。

古文明時期・時間線

世界發生了什麼

西元前3500年左右
兩河流域南部出現了一些以城市為中心的小國

西元前3100年左右
古埃及形成統一的奴隸制國家，國王法老為自己修建巨大的陵墓——金字塔

約西元前2300年
印度河流域哈拉帕文化出現，古印度文明開始

西元前1894年
古巴比倫王國建立

西元前11世紀末
以色列進入王國時期

西元前 3500年	西元前 3100年	西元前 2070年	西元前 1894年	西元前 1046年	西元前 1000年

中國發生了什麼

約西元前3000年
傳說中的炎帝、黃帝、堯、舜、禹時期

約西元前2070年
禹建立夏朝

約西元前1600年
商湯滅夏，商朝建立

約西元前1046年
周武王滅商，西周開始

世界發生了什麼

西元前480年
波斯進攻希臘，斯巴達國王列奧尼達率300名斯巴達勇士死守溫泉關直至全部陣亡
西元前330年
馬其頓帝國亞歷山大大帝滅波斯

西元前3世紀
孔雀王朝統一印度大部分地區

西元前150年
羅馬人征服古希臘

西元前27年
屋大維建立羅馬的元首制，羅馬進入帝國時代

西元前 480年	西元前 475年	西元前 221年	西元前 202年	西元前 150年	西元前 27年

中國發生了什麼

西元前475年
戰國開始

西元前221年
秦始皇統一六國，確立郡縣制，統一貨幣、度量衡和文字

西元前202年
西漢建立

22

約西元前 600 年
恆河平原上已建立起
許多城鎮

西元前 539 年
波斯滅新巴比倫王國

西元前 525 年
波斯征服古埃及

西元前 509 年
羅馬建立貴族專政的
奴隸制共和國

西元前
770年

西元前
600年

西元前
539年

西元前
525年

西元前
509年

西元前 770 年
周平王遷都洛邑，東
周開始。東周分為春
秋和戰國兩個時期

1 世紀前後
長白山以北及朝鮮半
島北部出現高句麗奴
隸制國家

3 世紀
日本大和奴隸制
國家興起

476 年　西羅馬帝國
滅亡

西元
9年

220年

317年

420年

476年

西元 9 年
王莽奪取西漢政權，
改國號為新
西元 25 年　東漢建立

220 年　曹丕建魏
265 年　西晉建立

317 年　司馬睿建立東晉

420 年　劉裕建宋，南朝
開始

古埃及貨船

燒製陶器

牛羊畜牧

熱鬧的尼羅河

· 尼羅河的贈禮 ·

神祕的古埃及

大約 7000 年前，古埃及人的祖先來到尼
羅河流域，他們發現這片神奇的土地簡直就是
上天賜予的寶庫！

販賣貨物

捕魚

鱷魚

地中

孟斐斯

古代埃及

第一瀑

第二

第三瀑
第四瀑

24

金字塔

用紙莎草編織船隻

收割紙莎草

河邊洗衣

古埃及貴族

貴族船隻

肥沃的尼羅河流域

　　尼羅河每年都會定期氾濫，當洪水退去，那些被衝擊過的土壤會變得極易耕種。古埃及人只需將種子撒在土地上，再把豬牛趕上去踩踏，就可以坐等收穫了。

　　肥沃的土地讓古埃及人學會了享受生活。當其他民族還在茹毛飲血時，古埃及人已經品嘗過魚蝦和穀物了。

幼發拉底河

紅海

比斯

■ 西元前 3100 年左右
埃及的疆域

西元前 15 世紀埃及
的疆域

你知道嗎？
世界最早的紙張

　　古埃及的沼澤地區有一種名為紙莎（suō）草的高稈植物，它的莖部富有韌性。古埃及人將其根莖切成薄片，再將紙莎草的水分擠乾，然後用樹膠黏在一起，就可以在上面寫字了。用這種方式製作出來的紙張被稱作莎草紙。莎草紙在乾燥的環境下，可以保持上千年不會腐爛，是人類歷史上最偉大的發明之一。

紙莎草製作的船隻

金字塔和它的主人們

在尼羅河下游，散布著大約 110 座大小不等的金字塔，裡面安葬著古埃及法老——古埃及的最高統治者。

古埃及人相信，只要將屍體完整保存，法老的靈魂就可以在另一個世界復活。而法老的陵墓——金字塔，自然就成了法老們「復活」後的宮殿。

最著名的金字塔就是法老胡夫的金字塔。這座金字塔規模最大，是幾十萬人花費大約 30 年的時間才修建完成的。

通風道
通風道
法老墓室
王后墓室
大走廊
入口
地下墓室
金字塔結構示意圖

你知道嗎？
木乃伊的由來

古埃及有這樣一個神話故事：植物之神和水神歐西里斯被自己的弟弟荒野之神賽特殺害，並將他的屍體分成許多塊，扔在了不同的地方。歐西里斯的妻子伊西絲四處尋找，最後把屍體拼湊完整，製成木乃伊。在眾神的幫助下，歐西里斯復活了。

因此，每當古埃及法老死去，就會有專門的人將他的屍體製成木乃伊，妥善保存，等待他「復活」。

古埃及貴族

建造金字塔

26

「神」一樣的法老

古埃及人相信神靈是真實存在的，而法老則是太陽神阿蒙的兒子，他所說的話就代表了法律。因此，古埃及的軍事、政治、宗教大權都由法老一人掌控，就連法老走過的土地，人們都要用親吻的方式來表示敬仰。

古埃及法老圖坦卡門的木乃伊

建造金字塔的奴隸

古埃及歷史脈絡

（西元前 3100 年—西元前 30 年）

1 早王朝時期

（約西元前 3100 年—西元前 2686 年）

大約在西元前 3100 年，國王美尼斯率軍結束戰亂，統一了全國，形成了統一的奴隸制國家。之後，埃及的農業、手工業、商品貿易、建築業都得到了迅速發展，歷史學家把埃及的這一時期稱為「早王朝時期」。

2 古王國時期

（約西元前 2686 年—西元前 2181 年）

左塞王的統治取代了早王朝，建立了古王國，他的統治標誌著王室專制時代的開始。古王國法老的權力很大，幾乎沒有任何限制。他們自稱是太陽神的後代，也是宗教的首領。

而此時的奴隸處境非常悲慘，不僅要提供以法老為代表的奴隸主勞動，還要遭到奴隸主的販賣和拷打。西元前 2181 年，埃及爆發了大規模的奴隸起義，國家陷入戰亂和分裂中，繁盛的古王國時期就此結束了。

古埃及法老的船隻

3 中王國時期

（約西元前 2133 年—西元前 1786 年）

古王國瓦解後，埃及分裂為諸多小邦國，彼此混戰百餘年。興起於埃及南部的第十一王朝在曼圖霍特普二世統治下，重新統一了埃及，開始了埃及的中王國時期。由於地方官員和貴族實力強大，王權未能得到有效加強，經濟取得了曇花一現的繁榮，埃及由於內部矛盾重重，再次陷入衰敗。

法老加冕儀式

4 新王國時期

（約西元前 1567 年—西元前 1085 年）

埃及英雄阿赫摩斯驅逐了異族的征服者，建立了第十八王朝，埃及又一次迎來統一，進入新王國時期。第十八王朝經過長年征戰，擊敗了敘利亞軍，埃及的國界拓展到尼羅河第四瀑布以北。至此，一個強盛的埃及帝國終於崛起了。

古埃及戰爭

5 晚王國時期

（約西元前 1085 年—西元前 332 年）

頻繁的權力鬥爭使新王國再次衰敗，之後古埃及迎來了屈辱的晚王國時期。這一時期的古埃及國力日漸衰弱，先後被來自亞洲中西部的亞述帝國與波斯帝國占領。波斯帝國衰落後，古埃及又被來自馬其頓的亞歷山大大帝征服。

6 托勒密王朝

（西元前 305 年—西元前 30 年）

亞歷山大大帝去世後，埃及總督托勒密宣布獨立，自稱法老，建立了托勒密王朝。西元前 48 年，羅馬軍隊進入埃及。18 年後，羅馬執政官屋大維吞併了埃及，從而使這個擁有 3000 年歷史文明的古老王國灰飛煙滅。

古埃及戰船

出征的埃及軍隊

·古代兩河文明·
兩河之間的「天堂」

兩河文明的開端

在亞洲西部的幼發拉底河與底格里斯河之間，有一片名為「美索不達米亞」的土地。美索不達米亞的意思是「兩河之間的地方」。約西元前 3500 年起，居住在美索不達米亞平原南部的蘇美爾人建造了人類歷史上第一批城邦，並發明了最早的文字，有文字記載的人類歷史就此開始了。

富饒的肥沃月灣

古代西亞是最早孕育出人類文明的神祕土地之一。從幼發拉底河與底格里斯河到地中海東岸一帶的土地很肥沃，許多人都被吸引到這裡。他們在這裡建造房屋，耕種土地。從地圖上看，這片土地連起來的形狀很像一彎月牙，所以人們又稱它「肥沃月灣」。

「天下四方之王」

基什位於兩河流域，是許多小國家的其中一個。基什國王的園丁撿到一個嬰兒，並帶回家撫養，取名「薩爾貢」。薩爾貢長大後成為國王的衛兵。有一次，他趁著國王戰敗的機會，奪取了王位。

成為國王之後，薩爾貢勵精圖治，使得國富兵強，最後統一了兩河流域，建立了強大的阿卡德王國。薩爾貢雄心勃勃地給自己取了一個威武的稱號——天下四方之王！

薩爾貢

販賣糧食

30

在泥版上記錄貨物

「百門之都」巴比倫

　　新巴比倫王國時期，巴比倫城是當時全世界最繁華、最壯麗的城市之一。來自古印度與古埃及的商旅在此處交會，先進的律法制度使全城上下井井有條。內外兩道雄偉的城牆保衛著城內的居民，牆面上用琉璃鑲嵌著雄獅圖案，一百多扇堅不可摧的銅製大門把守著巴比倫城，氣勢恢宏的建築昭示著王國的強大。

「肥沃月灣」和古巴比倫王國

小亞細亞

地中海

敘利亞草原

腓尼基人

希伯來人

美索不達米亞

尼尼微

亞述

瑪里

阿卡德人

阿卡德

巴比倫

蘇美爾人

烏爾

波斯灣

底格里斯河

幼發拉底河

「肥沃月灣」

蘇美爾人「肥沃月灣」的早期居民

///// 西元前 18 世紀的古巴比倫王國

你知道嗎？

空中花園

　　傳說，新巴比倫國王尼布加尼撒二世有一位美麗的王后，王后因為常年見不到故鄉的山丘而滿面愁容。尼布加尼撒二世為了讓她開心，下令工匠們照著山丘的形狀建造了一座層層疊疊的巨型花園。花園裡種滿了奇花異草，在樹木之間還流淌著人造的溪流。整座花園建得非常高，遠遠望去，就好像置於空中。從此，「空中花園」名揚天下，被譽為世界七大奇蹟之一。

悠閒的貴族

早期的貨船

巴比倫武士

祈求活命的奴隸

楔形文字

　　兩河流域的蘇美爾人很早就發明了文字。他們把蘆葦稈或木棒的頭部削尖，在未徹底曬乾的泥版上刻寫出一些代表一定意義的符號，這些符號的線條由粗到細，很像木楔，所以被稱為「楔形文字」。泥版經烘乾或燒製以後就能長久保存。

　　這種做法最早只是為了標記牛羊等物品，後來這些符號能夠代表的意義越來越多。

楔形文字

《吉爾伽美什》

　　傳說，在蘇美爾的土地上有一個烏魯克城邦，城邦裡有一位作惡多端的暴君──吉爾伽美什。天神們派了一位半人半獸的勇士恩奇都來對付他。

　　吉爾伽美什與恩奇都大戰一番後，難分勝負。兩人都為對方的勇敢與力量感到震驚，便互相欣賞起來。吉爾伽美什決定改邪歸正，並與恩奇都結為好友，一起為人民造福。最後，他們成為人人敬愛的大英雄。

　　《吉爾伽美什》是目前世界上已知最古老的英雄史詩。主人公吉爾伽美什與天神作對的種種行為反映出古代蘇美爾人頑強不屈的精神。

史上第一部法典

　　西元前 18 世紀，志向遠大的古巴比倫國王漢摩拉比統一了兩河流域。為了保護奴隸主的利益，讓所有臣民知道什麼事能做、什麼事不能做，以及違反了規定要受到怎樣的懲罰，他在一塊約 2.2 公尺高的石柱上刻下了國家的法律，這就是《漢摩拉比法典》，它是迄今為止世界上已知第一部比較完備的成文法典。

刻在石柱上的法典

漢摩拉比

六十進位法

六十進位法

　　古巴比倫人用「Y」代表 1，「YY」代表 2，「YYY」代表 3，以此類推直到 9；然後，用「<」代表 10，「<<」代表 20，「<<<」代表 30，以此類推直到 50。

　　用這幾種符號能表示出的最大數字為 59，即 5 個「<」和 9 個「Y」。如果一個數字的前方標注了一個大寫的「Y」，就代表 60。這種六十進位法是當時兩河流域獨有的計數方式。古巴比倫人透過使用這種進位法，獲得了豐富的天文學知識。

古代兩河流域歷史脈絡

（約西元前 3500 年－西元前 539 年）

1 城邦爭霸時代

（約西元前 3500 年－西元前 2334 年）

約西元前 3500 年起，蘇美爾地區就出現了最早的城邦，不同城邦之間的居民因為水源、道路和商品貿易等原因而征戰不休，直到阿卡德王國出現並將它們統一。

2 阿卡德王國

（約西元前 2371 年－西元前 2230 年）

阿卡德人是來自北方的民族，他們的開國君主薩爾貢統一了兩河流域，並自稱「天下四方之王」。幾百年後，阿卡德王國因遭到外敵入侵和本土蘇美爾人的反抗而滅亡。

3 烏爾第三王朝

（約西元前 2113 年－西元前 2006 年）

阿卡德王國崩潰後，王國內的城邦紛紛獨立。最終，烏爾城邦的國王烏爾納姆再度統一了兩河流域，建立了烏爾第三王朝，然而這個王朝也因為外敵入侵而滅亡。

4 古巴比倫王國

（約西元前 1894 年－西元前 1595 年）

烏爾第三王朝滅亡後，兩河流域再度分裂。約西元前 18 世紀，古巴比倫國王漢摩拉比完成了統一，著名的《漢摩拉比法典》就是此時頒布的。西元前 1595 年，古巴比倫王國被外族滅亡。

美索不達米亞

基什
尼普爾
烏魯克
拉格什
烏爾
埃利都

美索不達米亞文明

⑤ 亞述帝國

（西元前 8 世紀—西元前 605 年）

亞述本是兩河流域北部地方的一個弱小城邦，在西爾帕二世國王統治時期突然崛起，搖身一變成為一個強大的政權，史稱亞述帝國。亞述帝國軍隊十分強大，但因為不得人心而被推翻。

⑥ 新巴比倫王國

（西元前 626 年—西元前 539 年）

新巴比倫王國由迦勒底人建立，他們是在西元前 1000 年左右進入兩河流域南部的民族。迦勒底人掀起了反抗亞述帝國的起義，成功推翻了亞述帝國的統治。在第二任國王尼布加尼撒二世任內，新巴比倫王國進入鼎盛時期，並建造了世界奇觀——空中花園。尼布加尼撒二世死後，國家陷入了激烈的政治鬥爭，於西元前 539 年被新崛起的波斯帝國滅亡。

·戰爭與佛教·
等級森嚴的古印度

約西元前 2300 年，印度河流域出現了兩座文明高度發達的城市：哈拉帕和摩亨佐 · 達羅。這兩座城市都經過精心規劃，分為政治中心、住宅區和工商業活動區，街道筆直寬闊，整齊劃一，有完整的下水道系統，可以容納數萬人居住，是印度半島上最早出現的文明。

亞 洲
印
度
哈拉帕
摩亨佐·達羅
河
阿拉伯海

印度河流域

古印度舞女

神祕的摩亨佐 · 達羅城

古印度寺廟

牛車

棉花

羊群

你知道嗎？
什麼是種姓制度？

西元前 1500 年左右，游牧民族阿利安人進入印度半島，征服了當地土著居民，建立了國家。

阿利安人自稱「高貴者」，將古印度土著居民稱為「野蠻人」，並賦予國民種姓。四個主要種姓分別是婆羅門、剎帝利、吠舍、首陀羅。其中，婆羅門、剎帝利與吠舍是高種姓，成員主要是阿利安人，首陀羅是低種姓，要為前三個種姓服務，成員主要是古印度土著居民。

每個種姓都有固定的職責，婆羅門掌管祭祀，剎帝利擔任武士貴族，吠舍一般有農民、商人和工匠，首陀羅一般都是奴隸。種姓一旦確立就無法改變，他們的孩子都會繼承父母的種姓，不同種姓之間是禁止通婚的。阿利安人通過這種做法使自己的族人能夠世世代代將權力掌握在手中。

印度傳統美食

茅草屋

古印度人喜歡用
頭頂來搬運物品

穀物

養牛

遠方來的商人

古印度瓷器

古印度平民生活

37

釋迦牟尼

在古印度北部的一個小王國，國王夫婦一直沒有孩子。一天夜裡，王后夢見一頭白象飛入自己的腹中。不久，她生了王子喬達摩·悉達多。王子從小就生活在王宮中，錦衣玉食，對外界一無所知。一天，他偷偷地溜出王宮，發現底層人民一直身處水深火熱之中，內心深受觸動的他放棄榮華富貴，選擇外出流浪，探求人生的真諦。之後，他創立了佛教，傳播教義，人們稱他為「釋迦牟尼」。

小白象

阿育王

早期的阿育王是一位冷酷無情的統治者。傳說，他為了爭奪王位，害死了自己的 99 個兄弟姐妹。成為國王後，他四處征戰，曾在一場戰爭中消滅了 10 萬敵軍、俘虜了 15 萬人。

獲勝後的阿育王卻陷入了對戰爭的反思，他為自己的雙手沾滿鮮血而感到痛苦，最終選擇了皈依佛門。阿育王在自己的後半生中拒絕發動戰爭，並且依據溫和的佛教教義來治理國家，佛教徒稱讚他為「護法名王」。

印度的大雄

在釋迦牟尼出世的 30 多年前，另一位偉大的思想家筏馱摩那也做出了類似的選擇——拋棄萬貫家財，進入森林中苦修。經過 12 年的修行，他開始宣揚「反暴力」精神，公然抨擊種姓制度，呼籲不殺生。到他去世時，他的身邊已聚集了 14 萬名信徒，信徒們認為他是偉大的英雄，故稱他為「大雄」。

阿育王

古印度佛教雕塑

古印度金幣

古印度舍利

《羅摩衍那》與《摩訶婆羅多》

《羅摩衍那》與《摩訶婆羅多》是古印度時期的兩
部長篇史詩。《羅摩衍那》講述了王子羅摩擊敗羅刹魔
王羅波那，奪回自己愛妻悉多的故事；《摩訶婆羅多》
描繪了古印度俱盧王朝爆發的一場聲勢巨大的戰爭。

這兩部史詩是印度文學中最優秀的作品，被譽為
「印度的靈魂」。

佛陀傳教

古印度歷史脈絡

（西元前 2300 年—200 年）

古印度士兵

1 哈拉帕文明

（約西元前 2300 年—西元前 1600 年）

約西元前 2300 年，印度河流域的城邦開始興起，出現了一個哈拉帕文明時期。然而，由於缺乏記載，哈拉帕文明在西元前 1600 年左右就謎一樣地消失了。

2 阿利安諸國

（約西元前 1500 年—西元前 324 年）

西元前 1500 年左右，阿利安人進入印度，征服了印度的土著居民，建立了許多獨立王國。這一時期，印度的文化十分繁榮，4 部《吠陀》經書都是在此時出現的。古印度人認為，4 部《吠陀》彙聚了「世間的一切知識」，並在長達 1000 多年的時間裡，一直將《吠陀》作為他們的生活指南。

古代印度

▲ 印度河流域主要古城遺址

■ 西元前 3 世紀阿育王時期的印度疆域

古印度軍隊出征

3 孔雀王朝

（西元前 327 年—西元前 187 年）

　　西元前 327 年，馬其頓國王亞歷山大大帝在消滅波斯帝國之後，侵入了印度西北部，設立總督並留下一支軍隊奴役當地人民。有一個出身於飼養孔雀家族的青年，組建了一支軍隊奮起反抗，擊敗了馬其頓軍隊，並逐步統一印度北部，建立了孔雀王朝，人們尊稱他為「月護王」。孔雀王朝經過數十年征戰，到第三代國君阿育王時，幾乎統一了整個印度半島。

古印度佛像

4 外族入侵時期

（西元前 200 年—200 年）

　　阿育王去世後，孔雀王朝分崩離析。古希臘人、帕提亞人、大月氏人先後侵入印度北部。印度半島成了古希臘文化、古波斯文化、古印度文化及游牧文化交流和融合的大熔爐。

·古代希臘文明·
多彩多姿的神話王國

在古希臘的雅典衛城，處處縈繞著神祕的神話。從統領神界的天神宙斯，到最具智慧的神明之一的普羅米修斯，從火神赫菲斯托斯再到擁有神祕盒子的潘朵拉……這些充滿想像力的希臘神話都源於古老的愛琴文明，在歐洲乃至世界都有著舉足輕重的影響，代表著歐洲自原始文明時期就開始形成的人類智慧，集藝術、哲學和宗教精華之大成。希臘神話也為歐洲之後的文藝和哲學的發展提供了充足的養分，是歐洲最早的文學形式之一，從西元前 8 世紀一直流傳至今。

《荷馬史詩》

距今 2800 年，傳說古希臘有一位名為荷馬的吟游詩人，他雖是一位盲人，卻很會編故事。他透過唸詩的方式，創作出了兩部十分著名的史詩《伊里亞德》、《奧德賽》。

這兩部史詩圍繞著一場浩浩蕩蕩的遠征展開——古希臘的所有城邦聯合起來，跨越大海，遠征特洛伊王國。戰爭中湧現出了無數可歌可泣的英雄人物，也流傳下來許多英雄故事。

荷馬創作的這兩部史詩是《古希臘神話故事集》的重要組成部分。透過他的作品，我們能感受到古希臘人對英雄的崇拜與敬仰。

·古希臘霸主馬其頓·
馬其頓的崛起

馬其頓原本只是古希臘北部一個弱小的城邦，國王腓力二世藉由一系列軍事改革，使軍隊變得十分強大。此後，經過多年的征戰，腓力二世成功地將馬其頓王國變成了古希臘所有城邦的霸主。

亞歷山大

西元前 336 年，馬其頓國王腓力二世被刺客殺害，年僅 20 歲的王子亞歷山大繼承王位。他聲稱自己的父親是被波斯人殺害的，於是帶領軍隊發動了一場向東方的浩大遠征。

在這場東征中，年輕的亞歷山大展現出天才般的指揮才能，消滅了數以百萬的敵軍，先後占領了波斯、埃及與印度西北地方，將馬其頓王國的疆域延伸到了當時古希臘人眼中的「世界邊緣」。

亞歷山大的遠征極大地促進了古希臘、古波斯與古印度文明之間的交流與融合，他也憑藉著無人可比的赫赫戰功被尊稱為「亞歷山大大帝」。

出征印度

曇花一現的帝國

西元前 323 年，年僅 33 歲的亞歷山大大帝病逝。他所開創的龐大帝國陷入了軍閥割據、群雄逐鹿的局面，並逐漸分裂為塞流息得、馬其頓、托勒密等諸多國家。這些分裂的國家被稱為「繼業者王國」，它們之間不斷地征戰。直至西元前 30 年，羅馬人統一地中海，消滅了最後一個「繼業者王國」，這一事件標誌著希臘化時代的結束。

古希臘軍隊戰鬥力極強

古希臘歷史脈絡

（約西元前 2500 年—西元前 336 年）

1 邁諾安文明

（約西元前 2500 年—西元前 1450 年）

西元前 2500 年，古希臘的克里特島上出現了一座因貿易而興盛的城邦「邁諾安」。這是最早的歐洲文明，有關它的記載僅存在於古希臘神話之中。後因火山噴發，邁諾安文明走向毀滅。

2 邁錫尼文明

（約西元前 1600 年—西元前 1100 年）

距今約 3600 年，邁錫尼人進入古希臘地區，並建立了許多城邦。古希臘詩人荷馬講述的就是這一時期的故事。西元前 1100 年，北方的多利亞人入侵古希臘，邁錫尼文明被毀滅。

古代希臘

■ 西元前 8 世紀至前 6 世紀的希臘
■ 希臘人殖民的海岸

義大利
西西里島
敘拉古
巴爾幹半島
馬其頓
色雷斯
黑海
愛琴海
雅典
斯巴達
克里特島
小亞細亞
波斯帝國
塞浦勒斯島
地中海

3　黑暗時代

（約西元前 1100 年—西元前 900 年）

　　西元前 1100 年，多利亞人入侵古希臘，摧毀了邁錫尼人建立的許多城邦，古希臘文明開始衰退。之後近 300 年，古希臘的藝術、工藝、文化幾乎全部消失，這一時期被稱為「黑暗時代」。

4　古典文明時期

（約西元前 900 年—西元前 336 年）

　　黑暗時代維持了 200 多年後，古希臘文明再度興盛，多利亞人建立了大大小小數百個城邦。這一時期的古希臘在哲學、藝術與科學領域都湧現了許多人才和大師。西元前 6 世紀，波斯帝國入侵古希臘，各城邦團結起來與波斯人進行了 3 次戰爭，並獲得了全勝。西元前 4 世紀，古希臘北部的馬其頓城邦逐漸強大，並成為古希臘眾城邦的霸主。

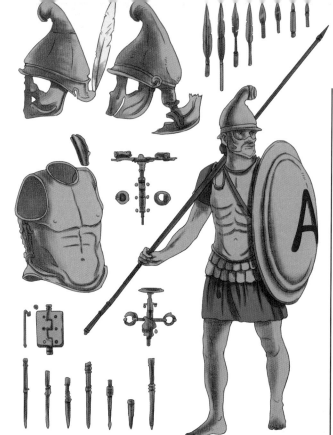

全副武裝的古希臘戰士

·條條大路通羅馬·
羅馬的起源

被狼餵養的孩子──羅馬城的建立者

傳說羅馬城是一對雙胞胎兄弟創建的。他們的母親是一位國王的女兒，國王的弟弟篡奪了王位，並派人把這對雙胞胎兄弟扔進河裡。兩個孩子被沖到岸邊，得到一匹母狼的照料，後來被一對牧羊人夫婦收養。雙胞胎兄弟長大成人，得知自己的身世後，合力殺死了篡位者，恢復王位並建立了羅馬城。

古羅馬競技場

轎子

民居

48

能征善戰的軍隊

古羅馬的軍隊是歐洲歷史上最強大的軍隊之一。

古羅馬的每一名士兵都要接受嚴格的訓練，必須遵守紀律、服從長官，如果有誰違抗命令，一定會遭到嚴厲的懲罰。擁有這樣一支紀律嚴明、士氣高昂的軍隊，羅馬人能在數百年間不斷開疆拓土，將廣闊的地中海變成自己的「內湖」，也就不足為怪了。

神廟

神的雕像

祭品

49

·漢尼拔·
古羅馬的「死敵」

　　古羅馬鐵騎在大肆拓展疆域的時候，一度廝殺到非洲北部突尼斯地區的古國——迦太基，兇猛殘暴的古羅馬大軍所到之處生靈塗炭。這時候，一位名為漢尼拔的男孩在神靈的祭壇前發誓：「我發誓，要永遠成為羅馬的敵人！」

　　漢尼拔的父親是迦太基的一名將軍，他指揮的軍隊被羅馬人打敗，於是他不斷告誡自己的兒子一定要洗刷恥辱。十幾年後，漢尼拔長大了，他指揮迦太基軍隊翻越阿爾卑斯山，攻入了羅馬本土。

　　羅馬人雖然最終憑藉人口與國力上的優勢取得了勝利，但漢尼拔在北非、西班牙、敘利亞等地反抗羅馬人的戰鬥，讓羅馬人聞風喪膽，因為從來沒有人像他這樣讓高傲的羅馬人感到恐懼。

古羅馬歷史脈絡

（西元前 753 年—395 年）

1 王政時期

（西元前 753 年—西元前 509 年）

羅馬城先後經歷了 7 位國王統治。最後一任國王塔克文被人民趕下臺，到這個時候，國王統治羅馬的時代結束了。

2 共和國時期

（西元前 509 年—西元前 27 年）

西元前 6 世紀，國王的女婿塔克文殺死國王，奪取了王位。塔克文獨裁專制，大肆屠殺反對他的人，連自己的外甥都不放過。其小外甥布魯圖斯情急之下偽裝成傻子，塔克文認為布魯圖斯對自己沒有威脅，才放了他。

布魯圖斯長大後，帶領人民推翻了塔克文的統治，但他拒絕當國王，因為他認為是國王讓人民受苦。布魯圖斯建議由元老院一起選出執政官，由執政官來領導國家，並規定每一位執政官都只能在位一年，到了第二年必須重新選舉，從此，古羅馬進入共和國時期。這種制度被稱為「共和制度」，布魯圖斯也被稱為「共和之父」。由於元老院是由奴隸主貴族組成的，所以，古羅馬共和制實際上是奴隸主共和制。

共和國時期的羅馬不斷對外擴張，從一個城邦國家逐步發展成為地跨歐、亞、非三個大洲的國家。共和國晚期，由於奴隸主貴族矛盾不斷加大，羅馬爆發了內戰。

羅馬軍隊出征

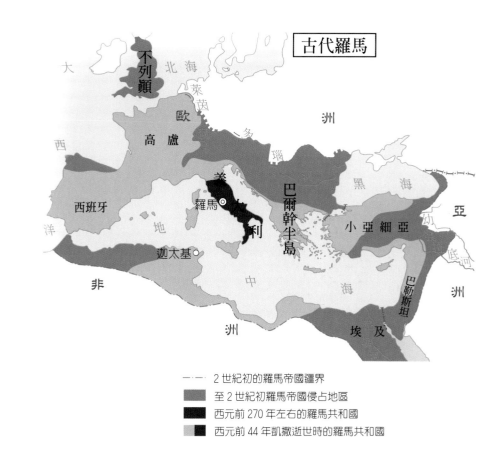

古代羅馬

一一一 2 世紀初的羅馬帝國疆界
　　　至 2 世紀初羅馬帝國侵占地區
　　　西元前 270 年左右的羅馬共和國
　　　西元前 44 年凱撒逝世時的羅馬共和國

3 元首制時期

（西元前 27 年—293 年）

貴族出身的屋大維在內戰中接連勝利，當選為羅馬共和國的最高執政官，並逐步控制了元老院。他廢除共和制，建立了元首制，掌握了最高統治實權。西元前 27 年，古羅馬進入帝國時代。

古羅馬帝國疆域遼闊，兵強馬壯，與同時期的中國東漢王朝一起成為東西方最強大的兩個國家。

4 四帝共治時期

（284 年—395 年）

284 年，一個名為戴克里先的人成為古羅馬元首。他不喜歡元首的稱呼，開始自稱「皇帝」。戴克里先又任命了另一個人和他一起當皇帝。兩個皇帝將國家一分為二，各自統治。不久後，可能是兩個皇帝忙不過來，於是各找了一名助手，讓他們協助治理。這個時期，在歷史上被稱為「四帝共治」。

戴克里先的本意是希望四位皇帝齊心協力一同治理國家，可當他退位之後，其他幾位皇帝誰也不服誰，最終打了起來。

395 年，狄奧多西統一了羅馬。他死後，國家一分為二，分別由他的兩個兒子繼承，由此產生了西羅馬帝國和東羅馬帝國，東羅馬帝國又被稱為拜占庭帝國。

·古代美洲三大文明·
神祕的美洲文明

美洲大陸和歐亞大陸一樣，也孕育了輝煌的人類文明，馬雅文明、阿茲特克文明和印加文明被稱為美洲三大文明，但這些文明在歐洲人的航海大發現後，在歐洲殖民者的船堅炮利面前，逐漸淡出了歷史舞臺。

馬雅文明

西元前 1500 年左右，馬雅人生活在墨西哥南部和中美洲北部的叢林裡。在之後的 1000 多年裡，他們學會了種植玉米、南瓜等，建立了許多城市，發明了文字和曆法。馬雅人掌握了十分豐富的天文知識，發明的馬雅曆是人類最古老的曆法之一，可與現代人使用的西曆進行換算。

馬雅人建立了數以百計的城邦，最興盛時達到數百萬人，但馬雅人並未像古埃及、古羅馬或古代中國那樣形成統一的國家。10 世紀，大部分馬雅人放棄了他們建設的繁華城市，大舉遷移，謎一樣地消失於熱帶叢林中。

數百年後的歐洲殖民者闖入美洲大陸時，發現了少量的馬雅人後裔，但他們對自己祖先的歷史幾乎一無所知。

馬雅金字塔

古埃及人的金字塔是法老的陵墓，而馬雅人的金字塔是用來祭祀的，因此馬雅金字塔上築有臺階，可以輕易地攀登上去。金字塔的頂部是一個高大的祭壇。

在如今的墨西哥南部，散落著許多馬雅金字塔遺址，儘管沒有埃及金字塔那麼宏偉壯觀，但馬雅金字塔上都雕刻著十分精美別致的圖案，體現了馬雅人高超的建築和文化藝術水準。

馬雅金字塔

美洲的草屋與陶器

洗衣服的婦女

阿茲特克文明

約 1276 年，阿茲特克人來到了墨西哥谷地，在定居的小島上建立了國家。國家在國王的帶領下，其疆域迅速擴張，15 世紀至 16 世紀逐步發展為阿茲特克帝國。阿茲特克人一度稱霸中美洲，並創造了輝煌的文明，在曆法、醫學、建築、藝術等方面都達到了很高的水準。

1511 年，西班牙的探險隊和士兵踏上了阿茲特克人的土地。阿茲特克人用熱情和黃金歡迎這些遠道而來的客人，卻進一步助長了西班牙人掠奪財物的欲望。之後，西班牙人對阿茲特克人進行了種族滅絕式的屠殺。

高山上的印加文明

印加人生活在南美洲的安第斯山脈。這裡海拔 3000 公尺至 6000 公尺，一般人在上面走路都會氣喘吁吁，想要在這裡長期生存是很艱難的。然而，11 世紀至 16 世紀，印加人卻在這裡建設了一個強大的印加帝國。為了加強對邊遠地區的控制，他們修建了從首都通往各地的交通網，並發明了「結繩記事」法來記錄和傳遞資訊。他們在海拔 2000 多公尺的山上修建的「馬丘比丘」城，被譽為世界新七大奇蹟之一。

印加文明影響了南美洲絕大部分地區，但由於西班牙殖民者的掠奪和屠殺，延續 400 多年的印加帝國被毀滅了。

印第安帳篷

印第安船隻

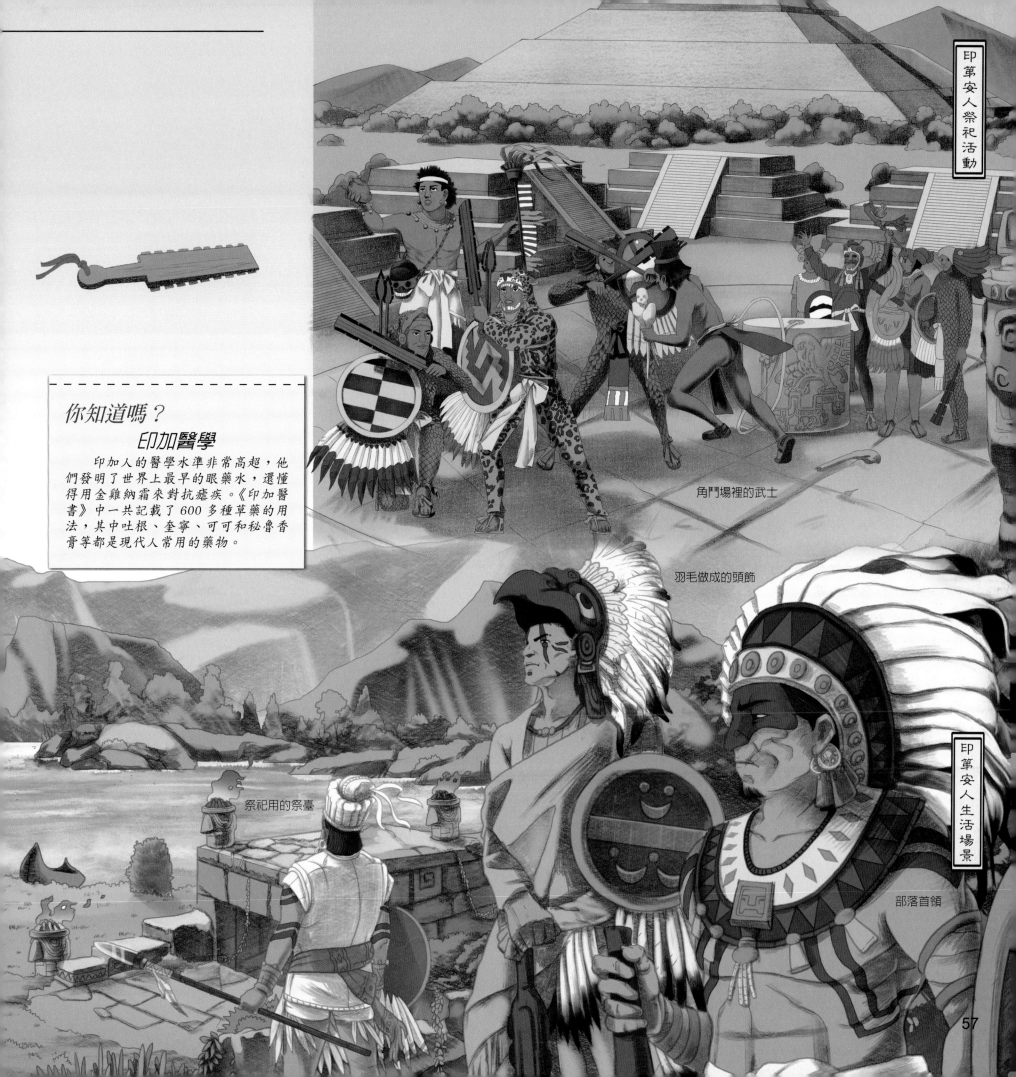

你知道嗎？

印加醫學

印加人的醫學水準非常高超，他們發明了世界上最早的眼藥水，還懂得用金雞納霜來對抗瘧疾。《印加醫書》中一共記載了600多種草藥的用法，其中吐根、奎寧、可可和祕魯香膏等都是現代人常用的藥物。

角鬥場裡的武士

羽毛做成的頭飾

祭祀用的祭臺

印第安人生活場景

部落首領

57

萬里長城

修築長城最早可追溯到西周。春秋戰國時期，列國互相征戰，修築長城成為重要的防禦手段。秦滅六國後，對戰國長城進行連接和修繕。自秦始皇以後，凡是統治過中原地區的朝代幾乎都不同程度地修築或加固過長城。

長城在發揮軍事防禦功能的同時，也提供了促進民族交融的作用。2000 多年來，長城沿線的關口成了不同民族商品交易的場所，實現了物資互補。有的關口逐步發展成為重要的城市，多民族文化在這裡交流，不同的民族在這裡交融。

·開啓中國歷史·
輝煌的華夏文明

西元前 2500 年左右，天下共主神農氏勢力衰弱，各部族互相侵伐。炎帝和黃帝兩個部落首領聯合擊敗了蚩尤部落，統一了黃河流域。他們用勤勞、智慧、勇敢和善良共建家園，漸漸形成華夏民族，開啓了輝煌的華夏文明。

大禹治水

中國古文明與
封建前中期歷史脈絡
（約西元前 2070 年—589 年）

成湯祈雨

1 夏、商、西周

（約西元前 2070 年—西元前 771 年）

遠古時期的黃河經常發洪水，堯、舜兩代首領都苦於無法拯救百姓於洪災。此時有個名為禹的人率部下辨水勢、查地形，採用「疏」的辦法開河道、築堤壩，消除了洪水。禹因治水有功，舜便順應民意，效法堯的做法，將首領之位傳給了禹。在眾人的擁戴下，禹建立了中國歷史上第一個朝代——夏朝。

後來，禹將帝位傳給才智俱佳的兒子，結束了「禪讓制」，開啟了「世襲制」。夏朝延續了大約 400 年。由於第十七代君王桀橫徵暴斂，失去了民心，被商湯所滅。400年後，歷史重演，商朝又被西周取代。

西周的君主自稱「天子」，在國內實行分封制，使諸侯國林立。西元前 771 年，西北游牧部落犬戎攻入西周都城鎬京，殺死周幽王，西周滅亡。

2 春秋戰國

（西元前 770 年—西元前 221 年）

周幽王的兒子周平王遷都洛邑，史稱東周。東周的諸侯國實力日益強大，周天子的勢力開始衰弱，諸侯國互相不斷征伐，一直打了 500 多年，以秦國的勝利告終。這一時期又被稱為春秋戰國時期。

3 秦朝

（西元前 221 年—西元前 207 年）

秦始皇建立了中國歷史上空前統一的王朝。他在位期間統一了文字、貨幣和度量衡，為中國經濟、文化的發展奠定了基礎。為了鞏固統治，秦始皇四處征戰、修建長城，百姓苦不堪言。他死後不久，各地就爆發了農民起義，推翻了秦朝。

秦朝大軍

秦始皇

秦朝疆域圖

◎　都城
－ －　政權部族界
——　今國界

咸陽●

秦

4 西漢與東漢

（西元前 202 年—220 年）

　　秦朝滅亡之後，劉邦逐漸統一了中國，建立了西漢王朝。9 年，權臣王莽滅西漢，後被農民起義軍推翻。25 年，漢室後裔劉秀稱帝恢復漢朝，史稱東漢。

　　西漢與東漢兩個朝代前後持續了400 多年。東漢末年，各地的軍閥勢力不再服從朝廷的號令，戰亂再起。

5 三國與兩晉

（220 年—420 年）

　　220 年，曹丕代漢稱帝建立了魏國。之後，劉備和孫權陸續稱帝，形成三國鼎立的局面。265 年，司馬炎奪取魏國政權，改國號為晉。經歷西東兩晉後，中國再次陷入分裂和混戰的狀態。

6 南北朝

（420 年—589 年）

　　東晉滅亡後，南北方的政權都陷入了「篡位魔咒」，政權頻繁更替，在戰亂中持續了 160 餘年，史稱南北朝時期。581 年，楊堅建立隋朝。589 年，隋軍消滅南朝最後一個政權陳朝，南北朝時期就此結束。

歐洲

匈人的鐵蹄踏破了西歐的
寧靜，日耳曼人的崛起終結了
屬於羅馬的時代。伴隨著查理
曼大帝的加冕，教皇的權威開
始變得至高無上。采邑制度讓
領主和騎士在歐洲更為矚目。
一個名為「中世紀」的時代正
式宣告來臨。

中世紀騎士

歐洲

阿拉伯武士

唐太宗李世民

亞洲

阿拉伯商人

印度教的神

非洲

馬利王國

大洋洲

塔斯馬尼亞人

非洲

羅馬帝國滅亡之後，阿拉伯人帶
著自己的文明進入了非洲北部，將先
知的教誨傳遍了這片廣闊的土地。

大洋洲

此時期大洋洲的土著人依舊過著原始
部落生活。

亞洲

富饒的東亞大地上，興盛的唐朝把中華文明之光灑向四方。朝鮮和日本地區建立了自己的國家。中東地區，崛起中的阿拉伯帝國已踏上征服之路。古老的印度半島上，來自大唐的高僧玄奘正在記錄他的所見所聞。

北美洲

印第安人

美洲

傳奇的馬雅文明在 10 世紀後戛然而止，驍勇善戰的阿茲特克人稱霸中美洲，高山之巔的印加人艱難地探索著他們的帝國之路，大草原上的印第安人正在追尋著牛群的行蹤。

南美洲

印加人

中古時期
（6 世紀—13 世紀）

伴隨著羅馬帝國的崩潰，世界歷史進入了一個新的階段。這一時期，許多曾經輝煌的古典文明開始黯然失色，而新生的民族如雨後春筍般茁壯成長。

中古時期・時間線

世界發生了什麼

481 年
法蘭克王國建立

7 世紀中葉　阿拉伯帝國形成
646 年　日本大化革新

481年　605年　611年　618年　646年

中國發生了什麼

581 年　楊堅建立隋朝

605 年　大運河開始開鑿
605 年　隋煬帝營建東都

611 年　隋末農民起義爆發

618 年　李淵建立唐朝

世界發生了什麼

962 年　神聖羅馬帝國建立

1054 年　基督教會分裂

1066 年　法國諾曼第公爵威廉征服英國

907年　916年　960年　962年　1054年　1066年

中國發生了什麼

907 年　唐朝滅亡，五代開始
907 年　朱溫建立後梁

916 年　阿保機建立契丹國

960 年　趙匡胤建立北宋

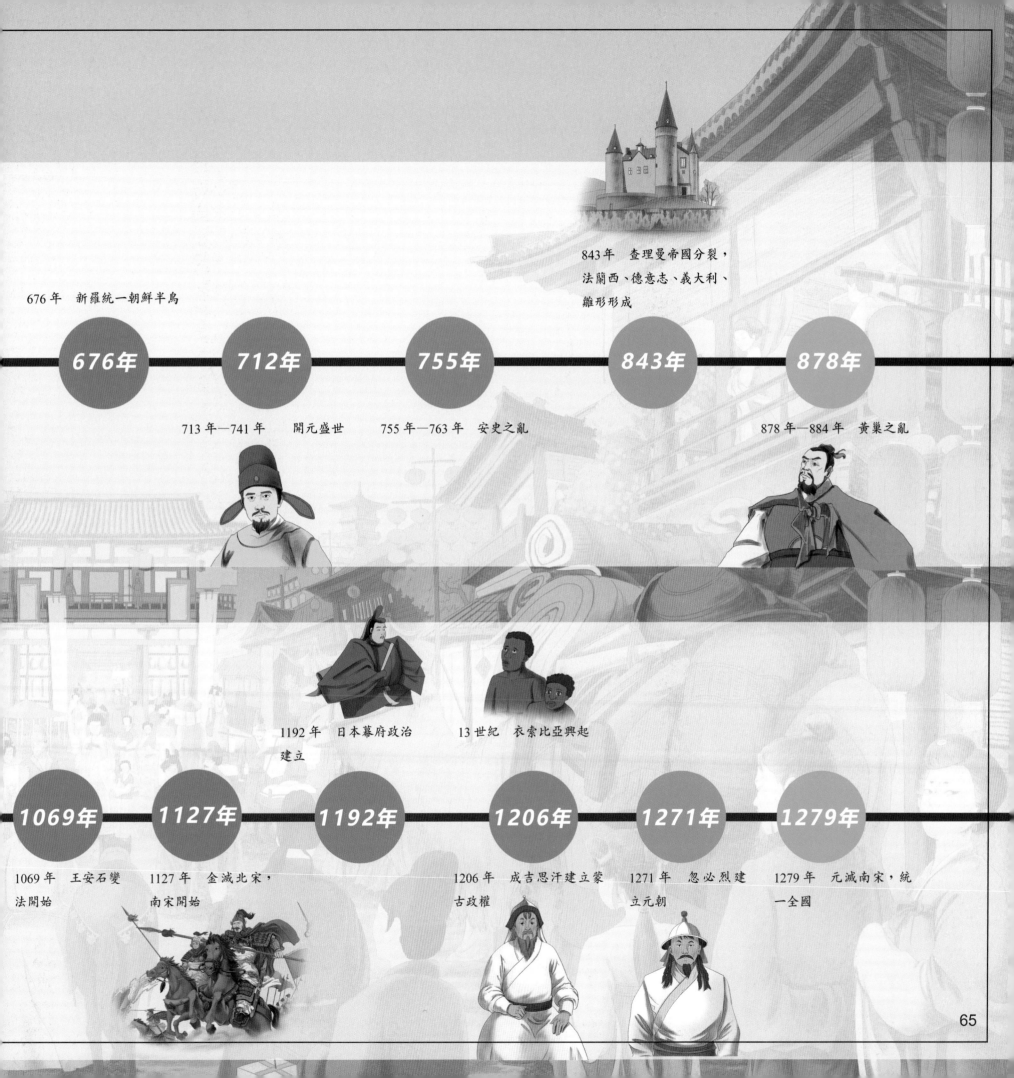

676年 新羅統一朝鮮半島

843年 查理曼帝國分裂，
法蘭西、德意志、義大利、
雛形形成

676年　　**712年**　　**755年**　　**843年**　　**878年**

713年—741年　開元盛世　　755年—763年　安史之亂　　878年—884年　黃巢之亂

1192年　日本幕府政治建立　　13世紀　衣索比亞興起

1069年　　**1127年**　　**1192年**　　**1206年**　　**1271年**　　**1279年**

1069年　王安石變法開始　　1127年　金滅北宋，南宋開始　　1206年　成吉思汗建立蒙古政權　　1271年　忽必烈建立元朝　　1279年　元滅南宋，統一全國

·歐洲歷史的新篇章·
開啓中世紀

憤怒的西哥德人

3 世紀時，日耳曼族的重要一支——哥德人侵擾羅馬邊境，後與羅馬帝國言和。不久，哥德人因內部矛盾分裂為東哥德人和西哥德人。後因匈人襲擊，375 年，西哥德人與羅馬政府達成協議，被允許到羅馬領土避難。次年，西哥德人因受到羅馬壓榨，在首領阿拉里克的帶領下掀起暴動。

395 年，羅馬皇帝狄奧多西駕崩，羅馬帝國一分為二，由他的兩個兒子統治，大將斯提里科作為監護人進行輔佐。阿拉里克趁著帝國內部末穩，率兵先攻打東羅馬帝國首都君士坦丁堡，又南下攻打希臘，一路燒殺搶掠，雅典繳納了巨額贖金才得以倖免。

羅馬的淪陷

397 年之後，羅馬大將斯提里科率軍兩次打敗西哥德人，阿拉里克損失慘重。但由於斯提里科功高蓋主，遭到西羅馬帝國皇帝的猜忌，皇帝聽信讒言，處死了斯提里科。斯提里科手下的士兵為了給他報仇，投奔了西哥德人，阿拉里克的實力得到了加強。

410 年，阿拉里克率兵攻入西羅馬帝國的羅馬城，洗劫了這座建設了數百年的繁華城市，使西羅馬帝國的實力受到沉重打擊，逐漸衰落。

日耳曼人攻陷羅馬

西羅馬帝國的終結者 —— 匈人和日耳曼人

375 年，匈人輕取東哥德王國，之後又大敗西哥德人，進入羅馬帝國的北方。443 年，匈人首領阿提拉率軍圍攻君士坦丁堡，東羅馬大軍全軍覆沒。451 年，羅馬人與日耳曼人聯合，在今法國巴黎東部的沙隆擊敗了匈人，史稱「沙隆之戰」，匈人被趕到了萊茵河以東的地區。2 年後，阿提拉病逝，至此匈人帝國分崩離析。

476 年，西羅馬帝國的日耳曼僱傭軍首領奧多亞克廢除了帝國皇帝，並自立為義大利國王，西羅馬帝國滅亡。

匈人、日耳曼人、羅馬帝國角逐了 100 餘年，最終日耳曼人勝出，匈人帝國和西羅馬帝國永遠消失在了歷史煙雲中。之後，日耳曼人在西歐建立了一個個日耳曼王國，形成了目前歐洲國家的雛形。

中世紀開啓

313 年，基督教的合法地位被確認，教皇甚至一度與羅馬皇帝平起平坐。

從最初大舉南下侵犯羅馬帝國開始，日耳曼人的目的一直是攻城掠地，安家落戶，並無摧毀教會的意圖。因此，在羅馬帝國滅亡後，教會完整地保留下來。

西羅馬帝國滅亡後，日耳曼人建立起來的眾多政權又陷入互相殘殺中，而且這些蠻族統治者目不識丁，無力也無心治理國家。教會說服日耳曼人接受基督教的上帝，成為教會的騎士，甚至組建十字軍東征，幫助教會打擊「異教徒」勢力，收復失地。羅馬教皇的影響力得到前所未有的加強。從 476 年西羅馬帝國滅亡到 15 世紀東羅馬帝國滅亡，隨著歐洲文藝復興的開始，日耳曼人與教會的組合逐漸崩塌，歷史學家將這一時期稱為中世紀。

你知道嗎？
匈人與匈奴人

匈奴人曾經與漢朝多次交戰，最後因為打不過漢朝而西遷，並逐漸從史書中消失。幾百年後，歐洲出現了一支名為「匈人」的游牧民族，很多人都懷疑「匈人」就是「匈奴人」。不過，這種說法並沒有更可靠的證據，目前只是一種猜測而已。

• 中世紀的宗教與政治鬥爭 •
教皇與國王

查理曼大帝

在日耳曼人建立的眾多王國中，法蘭克王國實力日益強大，768 年登上王位的查理曼國王，將王國的疆域擴大了近一倍。

800 年，羅馬教皇為了獲得查理曼的支持，在羅馬城聖彼得大教堂為查理曼舉行了加冕儀式，宣稱法蘭克王國是西羅馬帝國的繼承者，將查理曼加冕為「羅馬人的皇帝」，此後查理曼被稱為查理曼大帝，法蘭克王國被稱為查理曼帝國。

此次加冕儀式後，人們開始認為只有得到教皇認可的皇帝，才是真正的皇帝。羅馬教皇得到了王權和日耳曼騎士的支持，其權力開始深深地植根於廣大的基督教徒心中。

查理曼帝國的分裂

查理曼大帝死後，他的三個孫子於 843 年將帝國一分為三，分別成立了西法蘭克王國、中法蘭克王國和東法蘭克王國。從此以後，這三個王國走上了各自發展的道路，並成為當今法國、義大利與德國的前身。

查理曼大帝出征

法蘭克王國的形成與發展

481 年前法蘭克部落定居地
6 世紀初的法蘭克王國
8 世紀中期丕平統治期間的法蘭克王國
9 世紀初的查理曼帝國
9 世紀中期帝國分裂線

被外敵不斷侵入的不列顛群島

不列顛群島上很早就有人類活動，羅馬帝國曾多次侵入，並將泰晤士河口的倫敦建成了羅馬帝國統治不列顛的中心。為了阻止北方凱爾特人南下，羅馬人在大不列顛島北部修建了一條橫貫東西的長城。它全長 118 公里，史稱哈德良長城。從殘存的長城遺跡來看，它與中國的長城不能相提並論。

7 世紀初，歐洲北部的盎格魯人、撒克遜人、朱特人相繼入侵不列顛群島並定居，且建立了七個王國，成為後來英吉利王國的雛形，「英吉利」這個詞就出自盎格魯人的語言。

從 8 世紀末開始，丹麥人又不斷入侵不列顛群島。為了抗擊侵略，927 年，埃塞爾斯坦統一七國，建立威塞克斯王朝，統一了英格蘭。1042 年，英國王權才從丹麥人手中復歸愛德華（懺悔者）。

征服者威廉

1066 年，英國國王愛德華去世。愛德華沒有兒子，當時，法國的諾曼第公爵威廉是英國國王愛德華的表親，他有繼承王位的權利。但是，英國貴族們推薦國王的大舅子，也就是皇后的哥哥哈羅德繼承王位。

威廉曾經救過哈羅德的性命，而且哈羅德獲救之後對威廉許諾，如果自己能夠繼承英國王位，就把王位送給威廉。然而當哈羅德真正成為國王之後，他卻食言了。威廉十分生氣，發兵攻打哈羅德，在哈斯丁之戰中，威廉殺死哈羅德，奪取了英國王位。此後，威廉給自己加了一個「征服者」的名號，讓人們稱他「征服者威廉」。

教皇加冕皇帝

你知道嗎？
什麼是「卡諾莎悔罪事件」？

962 年，日耳曼人建立的德意志王國國王鄂圖一世在羅馬被教皇加冕為羅馬皇帝。12 世紀，腓特烈一世改國名為神聖羅馬帝國。

1077 年，在一座城堡外，神聖羅馬帝國的皇帝亨利四世站在門外，在大雪中光著雙腳，不斷懺悔著……

原來，神聖羅馬帝國的皇帝亨利四世與教皇發生了衝突，教皇一氣之下下令開除亨利四世的教籍。失去教皇的承認，亨利四世的皇帝身分就得不到臣民的認可。無奈之下，亨利四世只得來到教皇所在的城堡外面認錯，請求寬恕。亨利四世在大雪中足足懺悔了三天三夜，教皇才寬恕他。這一事件被稱為「卡諾莎悔罪事件」，是中世紀歐洲皇權與教權之爭的代表事件。

《大憲章》

1199 年，約翰（無地王）成為英國國王，他在位時期屢戰屢敗，丟失了大片國土。為了收復那些失地，氣急敗壞的約翰一世下令加稅，沒想到這一舉動卻激怒了國內的貴族們。

於是，在眾多貴族的脅迫下，約翰不得已簽署了《大憲章》，約定國王不得違約徵稅，不得隨意逮捕無罪之人，不得干涉法律審判等。

這是歷史上第一個對國王權力進行明確限制的憲章，標誌著歐洲人法治意識的覺醒。

查理曼大帝
撲克牌「紅心 K」的原型

英法百年戰爭

1328 年，法國國王查理四世去世。由於他沒有兒子，他的堂兄腓力六世繼承了王位。英國國王愛德華三世是查理四世的外甥，他認為自己也有權利繼承法國王位。1337 年，兩個國家因「法國王位到底歸誰」這個問題爆發了一場曠日持久的戰爭。

這場王位爭奪戰斷斷續續打了 116 年，歷經 5 代人。最終，法國國王查理七世驅逐了英國人，成為最後的贏家。

英法百年戰爭

聖女貞德

　　1429 年，英法兩國的戰爭正處於關鍵時刻。這時，一名來自法國東北部的少女前來求見法國的王太子，她說自己受到「上帝的啟示」，是專門過來拯救法國的。

　　當時的王太子抱著試一試的想法，就給了這位名為貞德的少女一支軍隊，讓她去與英國人交戰。結果，法國軍隊在貞德的指揮下，居然屢戰屢勝。

　　但是，貞德在一場戰鬥中被敵人俘獲，被活活地燒死了。後來，貞德被冊封為「聖女」。

7

•中世紀的社會•
城堡與騎士

采邑制度

采邑制度是一種土地分封制度,指君主給自己的大臣封賞土地,然後大臣向君主繳納賦稅,並在戰爭時期徵集軍隊為君主作戰。

最初,分封的土地是有時間限制的,一旦大臣或君主死亡,土地就要被收回。後來隨著王權的衰弱,封臣占有土地後逐漸發展成世襲制,不再交還君主。有些大臣的封地非常大,實力很強,他們就把自己的土地再分給下屬,以獲得下屬的支持和保護。

城堡一般建在高處

城堡在戰爭中發揮堡壘作用

連年的戰爭讓騎士們疲憊不堪

騎士

城堡與莊園

得到封地的貴族領主，包括教會等都會在領地上建立莊園。一個完整的莊園通常會包括住房、耕地、樹林、池塘、磨坊及法庭，這些設施機構組成了一個自給自足的環境。農民在莊園內為領主耕種土地，莊園內還有一些失去人身自由的農奴，沒有領主的批准不得擅自結婚、轉換或離開莊園。

中世紀的歐洲，由於戰亂頻繁，有權勢的貴族領主會在莊園內修建城堡作為自己的住所，並請騎士和專業的士兵負責保護城堡的安全。

城堡

莊園外的農舍

平民為城堡裡的貴族
提供物質補給

貧民快樂
地舞蹈

休息中
的農奴

農奴

華麗的餐廳

重建後的卡迪夫城堡

精美的彩繪與雕刻

騎士階層

「騎士」這一名稱最早是指那些騎著戰馬奔赴戰場的勇士。采邑制度流行後，有些騎馬作戰的勇士會得到一小塊封地。

有了封地之後，騎士們就不需要再去操心養家糊口的事了，他們只需要苦練功夫！

在戰場上，騎士往往會表現出超強的戰鬥力。一個國家常以擁有多少騎士作為評判軍事實力的標準。騎士們身著鎧甲，手持巨型長槍，騎著強壯的駿馬朝前衝鋒的威武畫面，已成為中世紀整個歐洲的一道獨特風景。

中世紀騎士的裝備

《羅蘭之歌》

傳說，查理曼大帝麾下有 12 名勇士，因為勇敢、忠貞、虔誠、友愛被冊封為「聖騎士」。其中，第一位被冊封為聖騎士的人，名為羅蘭，他是 12 名勇士中最英勇無畏的。他手中有一把天使贈予的「聖劍」，手持聖劍的羅蘭戰無不勝、所向披靡，最後卻被小人陷害而死。有關他的故事被後人編撰成了《羅蘭之歌》，成為中世紀騎士傳說的代表之作。

建立在城堡高層的花園

《唐吉軻德》

《唐吉軻德》是一部成書於文藝復興時期的小說。小說的主人公是一位沉迷於騎士小說的老人唐吉軻德。他原本是一位生活富裕的農場主，卻偏偏想成為一名游俠騎士。他從家裡翻出了一套陳舊生銹的盔甲，牽著一匹老馬，偷偷地溜出家去「行俠仗義」，結果惹出一連串啼笑皆非的故事。

如果說《羅蘭之歌》代表了騎士文化的興盛，那麼，《唐吉軻德》則代表了騎士文化的衰落。當火槍與大炮摧垮了騎士們賴以自豪的勇武之後，騎士們開始彷徨迷茫，並沉浸在對昔日榮光的追憶中，不肯接受現實。

糟糕！維京人來了

維京人最早生活在當今的挪威、瑞典和丹麥一帶，8 世紀時，他們離開寒冷的北歐紛紛出海南下。當他們架著龍頭船來到歐洲西部沿海時，驚訝地發現生活在這裡的人遠不如自己強壯有力。於是，一個邪惡的念頭閃現：何不將他們的財富據為己有呢？

很快，維京人成了大名鼎鼎的「北歐海盜」。成千上萬的維京人離開故土，乘船來到歐洲沿海，頭戴鐵盔，手持巨斧，搶劫農民、貴族與教會，使整個歐洲陷入了噩夢與哀號之中。他們甚至到達地中海和裏海沿岸，並渡過波羅的海，遠征俄羅斯。

「無骨者」伊瓦爾

北歐海盜的頭目通常都喜歡在自己的姓名前冠以各種綽號，其中最為鼎鼎有名的便是「無骨者」伊瓦爾。既殘酷又狡猾的他於 865 年入侵不列顛島，血洗了當時英格蘭境內的多個王國。與其有著相似「功績」的還有「行者」羅洛、「藍牙王」哈拉爾……這些名字共同構成了那個時代歐洲人心中的夢魘。

悍不畏死的信仰

維京人相信，英勇戰死的人將會在死後被送入神王奧丁的英靈殿中，而由於其他原因死亡的人將會遭受折磨與羞辱。所以維京人都將戰死沙場視作歸宿，無所畏懼。這種視死如歸的信仰造就了他們強大的戰鬥力，維京人組成的北歐海盜橫行歐洲數百年。

傑出的航海家

在很多歐洲人的眼中，維京人是殺人不眨眼的海盜，但不可否認他們也是人類歷史上最大膽無畏的航海家。他們的航海知識非常豐富，而且充滿了冒險精神。

維京人萊夫 · 艾瑞克森曾經率領一支船隊抵達如今的加拿大地區，成了第一個「發現」美洲大陸的人，比哥倫布早了近 500 年。

移民冰島

冰島位於北大西洋中部，靠近北極圈，非常寒冷，起初沒有人類居住。

860 年，維京人來到冰島。儘管這裡不適合生存，但冰島作為一個航海線路的中轉站還是很重要的，所以，維京人將冰島標記在了他們的航海圖上。

874 年，維京人英格爾夫 · 阿耳納遜因為得罪了當時的挪威國王，被流放了。他帶著全家老小來到冰島定居，從此，冰島開始了有人類居住的歷史。

格陵蘭

北美洲

冰島

歐洲

非洲

維京人的活動領域與遷徙

建立國家

面對這些勇猛的維京人，法蘭克國王不得不將自己王國北部的土地分封給維京人首領羅倫，來換取和平。羅倫和他手下的維京人在此建立了諾曼第公國。由於當時法國人將維京人稱作「諾曼人」（北方人），於是這片土地也被稱為「諾曼第」（北方人的土地）。

另外一批維京人來到了義大利半島南部定居，與當地的居民融合，建立了自己的國家——西西里王國。

進入東歐地區的維京人被稱為羅斯人，他們與當地斯拉夫人一同建立了基輔羅斯王國。

維京人的葬禮

維京長船

中世紀的城市與大學

不講衛生的城市

古羅馬人發明了十分先進的供水和排水系統，讓整個城市都變得乾淨整潔。但是到了中世紀，歐洲大部分的城市還都沒有排水道，他們上完廁所就直接將糞便從窗戶潑出去。13世紀時，法國政府還特別頒布了一道法律，禁止市民這麼做。此外，古羅馬人熱衷洗澡，發明了各式各樣的澡堂。但是到了中世紀，人們認為洗澡會讓身上的毛孔張開，從而導致邪毒侵入體內，所以為了健康，他們都選擇不洗澡。據說，法國國王路易十四一輩子都沒洗過澡，身上的臭味能讓十步外的人不敢靠近。

愚昧的醫療

中世紀的醫療手段非常落後，人們迷信「放血療法」。

感冒了？放點兒血吧。發燒了？放點兒血吧。胸痛胸悶了？放點兒血吧。昏迷不醒了？放點兒血吧⋯⋯就連後來的美國總統華盛頓都被這樣的庸醫給坑害了──他被放掉了近一半的血液之後衰竭而死。

中世紀醫生的面罩

「放血療法」

中世紀貴族婦女

慵懶的士兵

蔬果交易

遠道而來的商人

市民的船隻

市民階層的出現

在中世紀的大多數時候，人們都居住在城堡與莊園中，主要靠耕田、種地、伺候貴族為生。城市非常稀少。

隨著商業和手工業的發展，歐洲的城市越來越多，商人依靠做生意賺錢，工匠依靠自己的手藝賺錢，勞工靠出賣力氣賺錢。這些人被稱為「市民」。

和農民比起來，市民更加精明機智。他們見多識廣，懂得如何讓自己獲得更多的利益。於是，隨著市民階層的不斷壯大，中世紀社會也在發生著潛移默化的改變。

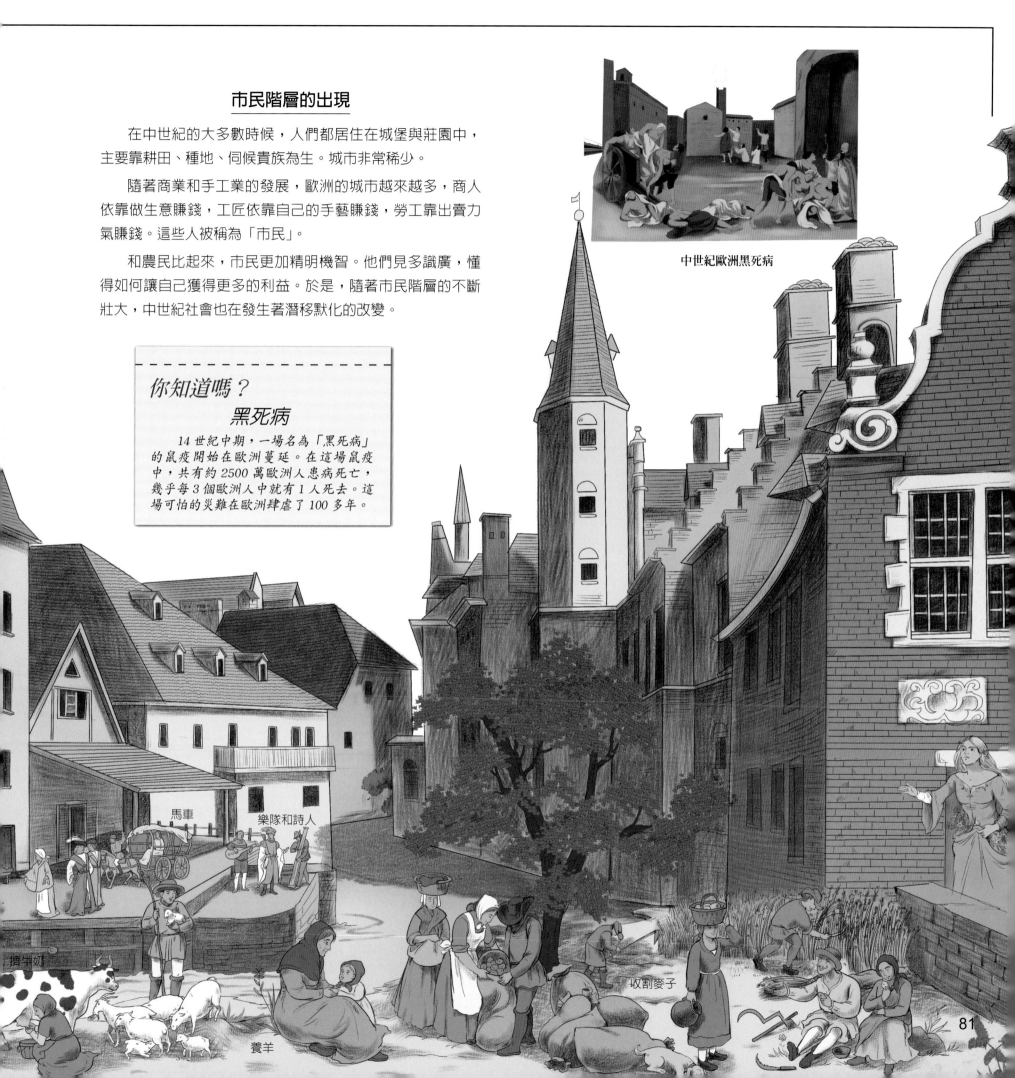

中世紀歐洲黑死病

你知道嗎？
黑死病

14 世紀中期，一場名為「黑死病」的鼠疫開始在歐洲蔓延。在這場鼠疫中，共有約 2500 萬歐洲人患病死亡，幾乎每 3 個歐洲人中就有 1 人死去。這場可怕的災難在歐洲肆虐了 100 多年。

擠牛奶

馬車

樂隊和詩人

收割麥子

養羊

打破知識的壟斷

中世紀早期，歐洲的大部分人是不識字的，不要說平民百姓，就連貴族中都有很多人不識字。但是教會裡面的神父、教士都識字，因為他們要向別人傳播宗教內容、宣揚教義。

11 世紀後，隨著經濟的發展，許多希臘、羅馬的古典著作開始在西歐傳播，阿拉伯文化也開始傳入西歐。12 世紀，西歐的教育和學術出現了活躍的勢頭。

從大約 900 年開始，歐洲的城市越來越多，學習文化知識的人也越來越多。商人學習知識是為了方便記帳，工匠學習知識是為了提升手藝，工人學習知識是為了不被老闆欺負……

於是，學校產生了。

學習美術

討論天文和航海

大學的由來

「大學」這個詞彙最初還不是專指學校，而是指由老師和學生組建起來的一種教師行會。行會推選出一名會長，來管理一個地區所有的學校。時間久了，教師行會就慢慢地發展成了一種專門進行高等教育的學校。

在中世紀時，最早流行的大學有薩萊諾大學和波隆那大學，前去讀書的學生大多都是貴族子弟和有錢人家的孩子，而教師則是來自各行各業的專家或是教會的傳教士。

中世紀成立的眾多大學中，以英國的牛津大學和劍橋大學最為著名，它們直到今天依然是享譽世界的名校。

討論哲學和法律

研習音樂的人們

中世紀牛津大學

• 拜占庭帝國 •
羅馬帝國的「繼承者」

君士坦丁堡

330 年，君士坦丁一世當上羅馬帝國的皇帝後，覺得羅馬帝國的東部越來越重要。於是，他下令在地處要衝的古希臘城邦建造一座新的首都。

新的首都三面環海，而唯一面朝陸地的方向則建造了當時全世界最堅固的城牆，號稱在 1000 年內都不會被外敵攻破。

這座堅不可摧的城市被後人稱為「君士坦丁堡」，是整個中世紀時期全歐洲最大、最美麗、最繁華的城市，鼎盛時期有 100 多萬人。

聖・索菲亞大教堂

君士坦丁堡

天生的外交家

作為羅馬帝國的正統繼承者，拜占庭帝國延續了古羅馬時期的許多智慧。他們通曉禮節，能言善辯，擅長外交，總能和平地化解矛盾。

在面對強敵的時候，拜占庭人十分擅長用金錢收買、離間、分化對方，使敵人自相殘殺。在向盟友請求援助的時候，拜占庭人也總是能夠拿出對方最需要的東西，吸引對方幫助自己。憑藉著這份聰明與智慧，拜占庭帝國在羅馬帝國分裂之後，依然頑強地生存了1000多年。

歐洲

義大利 得里亞 君士坦丁堡（拜占庭） 黑海

希臘 亞洲

小亞細亞

敘利亞

非 地中海 洲

埃及 紅海

·-·- 洲界

查士丁尼一世統治時期的拜占庭帝國疆域

查士丁尼一世統治時期的拜占庭帝國

鐵甲騎兵

拜占庭帝國歷史脈絡

（395 年－1453 年）

査士丁尼大帝

1　拜占庭帝國建立

（395 年－527 年）

395 年，羅馬帝國分裂為西羅馬帝國和東羅馬帝國，西羅馬帝國被日耳曼人滅亡後，東羅馬帝國以「羅馬帝國」自居。東羅馬帝國首都君士坦丁堡的前身是拜占庭城，因此，東羅馬帝國又稱作拜占庭帝國。

2　查士丁尼大帝與「復興羅馬」

（527 年－565 年）

527 年，查士丁尼大帝繼位，他致力於收復被日耳曼人侵占的羅馬帝國土地，恢復古羅馬帝國的版圖。於是，他發動了一場浩蕩的西征，派出了數十萬士兵成功收復了北非、義大利和西班牙南部等許多地區，幾乎就要實現「復興羅馬」的偉業了。

不料，一場巨大的瘟疫席捲了整個帝國，導致全國四分之一的人死於瘟疫。這場可怕的災難摧毀了拜占庭帝國的實力，查士丁尼大帝的「復興羅馬」大業功虧一簣。在他去世後，他生前收復的那些土地也再度丟失。

3　過渡時期

（565 年－867 年）

查士丁尼大帝去世之後，拜占庭帝國在很長一段時間裡陷入了混亂。在這段時間裡，許多國家趁機入侵拜占庭帝國，並奪取了大片土地。

4　黃金時期

（867 年－1081 年）

867 年，巴西爾一世登基後進行了一系列改革，使得國家實力大大增強。之後的 200 年裡，拜占庭帝國迎來了一個黃金時期。直到 1071 年，拜占庭帝國軍隊被塞爾柱帝國擊敗，國家再一次由盛轉衰。

5 十字軍時期

（1081 年—1204 年）

1081 年，25 歲的軍隊將領阿歷克塞發動軍事政變，登上拜占庭帝國的王位。面對內外交困的局面，他向羅馬教皇寫了一封求救信。教皇藉此向伊斯蘭教勢力發動了一場浩蕩的「十字軍東征」，雙方一起收復了不少失地。但在第四次東征時，十字軍為了搶奪財富，一路燒殺搶掠，於 1204 年占領了盟友拜占庭帝國的首都君士坦丁堡，從此，拜占庭帝國一蹶不振。

6 尼西亞時期

（1204 年—1261 年）

十字軍攻破君士坦丁堡後，拜占庭貴族提奧多雷逃到了小亞細亞的尼西亞城，建立了尼西亞帝國。尼西亞帝國在 1261 年成功收復了君士坦丁堡，恢復了拜占庭帝國的名號。

7 拜占庭帝國的滅亡

（1261 年—1453 年）

在收復君士坦丁堡、恢復拜占庭帝國的名號後，尼西亞帝國沒能繼續復興，而是再次陷入了內亂。

1453 年，強大的鄂圖曼帝國派出 20 萬大軍圍攻君士坦丁堡。拜占庭帝國的最後一任皇帝君士坦丁十一世指揮 7000 名守軍進行了殊死抵抗。最終，君士坦丁堡被攻破，皇帝戰死，拜占庭帝國滅亡。

十字軍東征

火藥　　中國古代四大發明　　印刷術

造紙術　　指南針

·封建中後期與近代前期的中國·
千年變遷的中國

在歐洲從奴隸社會進入黑暗的中世紀時，中國正在從隋朝統一全國走向輝煌的大唐王朝。古代歷史上大多數時候，中國都是世界上最強大的國家之一。唐朝在最鼎盛時期，都城長安的人口超過了 100 萬，是當時世界上最大的城市。

馬可·波羅在元朝時來到中國，被當時中國的繁榮所折服。他在《馬可·波羅行紀》中描述中國是一個遍地黃金的國家，對中華文明充滿了崇拜。

酒鋪

店小二

唐朝牛車

唐朝街道

唐朝形勢圖

突厥
突厥牙帳

吐蕃
邏些城

唐
西京

黃河
長江
黃海
東海
南海

◎ 都城
--- 政權部族界
—— 今國界

貨郎

撥浪鼓

中國封建中後期與近代前期歷史脈絡

（581 年—1912 年）

1 隋唐

（581 年—907 年）

581 年，楊堅建立隋朝，隋朝的第二個皇帝隋煬帝窮兵黷武，民怨深重，義軍四起。

618 年，李淵稱帝，建立唐朝。唐朝實行開明的內外政策，成為當時世界上最繁榮的國家，與亞歐許多國家都有往來。後來，西方人將中國人稱為「唐人」。

「安史之亂」後，唐朝開始走向衰落，907 年滅亡，中國開始了長達半個世紀大分裂的「五代十國」時期。

2 兩宋

（960 年—1279 年）

宋朝分為北宋和南宋兩個時期。

960 年，趙匡胤稱帝，建立宋朝，定都開封，之後統一全國，史稱北宋。

1127 年，金滅北宋，宋朝皇室逃到南京應天府（今商丘）定都，史稱南宋。1138 年，遷都臨安府（今杭州），1279 年，南宋被蒙古人建立的元朝所滅。

繁榮的絲綢之路

販賣器皿

滿載而歸的阿拉伯商人

3 元

（1271 年—1368 年）

1206 年，鐵木真統一蒙古各部落，建立大蒙古國，尊號「成吉思汗」。1271 年，成吉思汗的孫子忽必烈建立元朝。8 年後，忽必烈消滅南宋的流亡勢力，統一全國。

元朝對外持續發動戰爭，對內採取民族等級制度，民族矛盾和階級矛盾加劇，元末全國各地爆發農民起義。1368 年，朱元璋建立明朝後，元朝王室被迫撤出中原。

4 明

（1368 年—1644 年）

1368 年，朱元璋稱帝，國號明，之後明朝軍隊又將元朝皇室從大都（今北京）趕往漠北。

明朝初期，政治清明，國力得到了提升。中後期，宦官專權，群臣結黨營私，最終導致大規模農民起義。1644 年，李自成率領流寇攻入北京，明朝滅亡。

5 清

（1636 年—1912 年）

1616 年，建州女真首領努爾哈赤建立後金。1636 年，努爾哈赤的兒子皇太極改國號為「清」。1644 年，清軍入關，遷都北京。1684 年，設立臺灣府，基本統一全國。

清朝中前期採取了一系列休養生息的政策，農業和手工業得以恢復，經濟迅速發展，人口達到 4 億之多，居世界第一。清政府中後期採取閉關鎖國的政策，不與外界接觸，以致在歐洲列強的堅船利艦和火槍火炮打開中國的大門時，清政府幾乎無力阻擋。1912 年，清王朝被孫中山領導的辛亥革命推翻。

求取經書的僧人

來自遠方的駝隊

販賣布匹

唐朝商人

波斯商人

・封建時期的日本・
島國東瀛

神話裡的日本來源

　　傳說在很久以前，世界是一片汪洋。有兩位仙人——伊邪那岐與伊邪那美降臨世間，他們在島嶼上成婚後生育了 8 名孩童。8 名孩童化成 8 座島嶼。漸漸地，島嶼上出現了人類，他們被稱為「日本人」。相傳伊邪那岐清洗左眼時又生出了一位美麗的女神，她便是「天照大神」。「天照大神」的後裔神武天皇於西元前 660 年建立了日本國。從此，「天照大神」被奉為日本皇室的祖先。

春日神社

能劇

浪人

官員

貨郎

僧人

武士

穿和服的女人

「大化革新」與學習

5 世紀，在日本列島上，大和政權征服了其他部落，統一了日本。這是日本歷史上的第一次統一。

7 世紀時期的大和國還處在奴隸社會，十分落後。當時中國的唐王朝正值興盛，大和國派遣許多遣唐使，前往唐朝學習先進文化與制度。

經過長時間的學習和積累，大和國的天皇認為只有全面效仿唐朝才能夠讓國家變得強盛。在 646 年，大和國孝德天皇宣布進行改革，因年號為「大化」，史稱「大化革新」。

什麼是大化革新呢？就是將舊的制度、舊的風俗全部拋棄，將新的制度與文化迎接進來。這個新的制度與文化就是來自唐朝的先進制度與文化。

大化革新後，大和國的經濟、政治、文化都得到很大提升。

「武士道」精神

封建時期，日本國內有許多大名。這些大名和中國歷史上的諸侯差不多，他們擁有自己的封地，積蓄了大量的財富。有了土地，有了錢，大名們就希望有人來保護自己。於是，武士就應運而生了。

武士，是指那些擁有精湛武藝的人，他們向大名們宣誓效忠，接受大名的供養，用自己的武藝來保護大名的安全，和歐洲中世紀的騎士相似。

武士與大名之間的這種關係在日本延續了上千年，這種誓死效忠和義務供養的關係發展出了獨特的「武士道」精神。「武士道」精神簡單來說就是不怕死，不怕難，犧牲自己，保護主公的精神。這對整個日本民族精神都產生了極其深遠的影響。

忍者擅長使用暗器

士兵

日本神話人物「天照大神」

日本封建時期歷史脈絡

（250 年—1868 年）

1 古墳時代

（250 年—538 年）

3 世紀初期，日本列島上出現了許多大大小小的國家。到了 5 世紀，大和國統一了日本。據說，統一前的這一時期，日本各個國家的統治者都熱衷於建造「古墳」。因此，這個時代又被稱為「古墳時代」。

2 飛鳥時代

（592 年—710 年）

7 世紀中期，日本國內政權不穩，於是孝德天皇發起了「大化革新」運動，用新的制度替代舊的制度，從而使國家漸漸強大起來。

德川家康

3 奈良時代

（710 年—794 年）

710 年，日本天皇遷都平城京，也就是現在的奈良縣。這一時期的日本繼續向大唐學習，平穩發展。

4 平安時代

（794 年—1192 年）

794 年，日本遷都平安京，也就是如今的京都。這一時期武士叛亂，最終架空了天皇的權力，「征夷大將軍」成為日本的實際統治者。

5 鎌倉時代

（1192 年—1333 年）

1192 年，征夷大將軍源賴朝在一個名為鎌倉的地方建立了「鎌倉幕府」。所謂幕府原本是指將軍的軍帳，後來特指「以將軍為首的朝廷」。

鎌倉幕府代替天皇統治著整個國家，而日本各地的貴族則為了爭奪將軍之位，不斷地明爭暗鬥。

6 室町時代

（1338 年—1573 年）

鎌倉幕府掌握政權 100 多年後開始衰落，一個名為足利尊氏的人奪取了征夷大將軍的位置。他在一個名為室町的地方建立了「室町幕府」，繼續架空天皇，統治國家。1573 年，織田信長推翻了室町幕府。

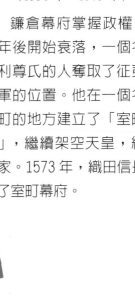

織田信長

7 戰國時代

（1467 年—1603 年）

室町幕府統治後期，日本爆發了大規模的內亂，各地諸侯趁機占領土地，並互相攻打。這一時期戰爭頻繁，因此被稱為「日本戰國時代」。最終，一個名為德川家康的諸侯擊敗豐臣秀吉勢力，統一了日本，在江戶建立了德川幕府。

日本足輕

8 江戶時代

（1603 年—1868 年）

德川家康終結亂世之後，日本進入了一個和平穩定的時期。這一時期的日本和中國一樣，拒絕和外國接觸，導致了日本對世界的變化一無所知。1853 年，美國的軍艦闖入日本港口，次年強迫其簽訂了不平等的《日美親善條約》。15 年後，日本各地諸侯聯合起來推翻了德川幕府，從此，日本開啟了它的自強之路。

明

鴨綠江

圖們江

朝鮮

日本海

東海

漢江

·探索朝鮮半島·
「鄰居」朝鮮

神話裡的朝鮮來源

　　傳說在 4000 年前，太陽神的兒子桓雄帶領 3000 名弟子來到了人間，降落在當今朝鮮的妙香山上。桓雄打算在妙香山建立自己的王國，治理天地萬物。當時山上有一頭母熊，得到神靈的賜福後變成了一位少女。有一天，少女來到神檀樹下求姻緣，睜眼後發現桓雄正好站在她的面前，於是二人一見鍾情，結為夫妻。後來他們生了一個孩子，因為出生在神檀樹下，所以這個孩子被人們稱為「檀君」。

　　檀君長大之後，建立朝鮮，定都平壤。

朝鮮傳統服飾

「鄰居」朝鮮

君王

官員

貴族住宅

朝鮮貴族

士兵

朝鮮王朝

向「鄰居」學習

封建時期的朝鮮在很多方面都受中國的影響。朝鮮文學一度受唐宋詩文的影響。宋朝詩人蘇軾的詩詞豪放雄渾，被朝鮮文人競相模仿，掀起了久盛不衰的「東坡熱」。

「兩班」階級

古代朝鮮君主上朝時，文臣站在東邊，武將站在西邊，因此文武大臣合起來被稱為「文武兩班」。

在朝鮮制度中，高官家的子弟親戚可以直接當官。於是幾代人之後，官員的後代還是官員，整個國家的高層都被一些較大的家族勢力掌控著。

《經國大典》

《經國大典》是朝鮮王朝時期的一部治國典籍。這部作品對於朝鮮王朝的政治制度、社會風氣、宗教文化都有詳細的闡述。《經國大典》既是整個朝鮮王朝的治國準則，也是朝鮮上千年政治思想的體現。

你知道嗎？

龜船

鐵甲龜船是朝鮮王朝為抵抗日本將領豐臣秀吉的侵略而設計的大型戰船。龜船的鐵甲上有排列很密的武器，跟刺蝟一樣。船頭跟烏龜一樣，可以噴吐出毒氣來對付敵人。龜船屢立戰功，是當時亞洲較為先進的軍艦。

朝鮮普通民宅

吃飯中的一家人

製作年糕

龜船

朝鮮中古時期歷史脈絡

（約西元前 11 世紀—1910 年）

　　朝鮮的歷史最早可追溯到古文明時期，並且在相當長的一段時間裡都與中國有著十分密切的聯繫。3 世紀至 4 世紀，朝鮮半島基本形成了高句麗、百濟和新羅三國鼎立的局面。676 年，新羅王朝統一了朝鮮半島的大部分地區。

1 新羅王朝

（676 年—901 年）

　　新羅王朝統一朝鮮半島之後，與唐朝保持了友好的外交關係，學習唐朝的先進文化，使朝鮮迎來了一段「黃金時期」。

李成桂

3　朝鮮王朝

（1392 年—1910 年）

1392 年，高麗王朝的大將軍李成桂推翻了當時的君主，建立了朝鮮王朝。

朝鮮王朝一直是明清的屬國，獲得了十分和平穩定的發展環境。19 世紀後期，日本通過明治維新變得強大起來，吞併了朝鮮。直到第二次世界大戰結束後，朝鮮才獲得獨立。

2　高麗王朝

（918 年—1392 年）

新羅王朝末年爆發了農民起義，朝鮮陷入了分裂。一個名為王建的人統一了朝鮮，建立了高麗王朝。

高麗王朝時期，來自北方的女真人、契丹人、蒙古人先後入侵朝鮮，逼迫高麗王朝臣服。

權力更迭的印度

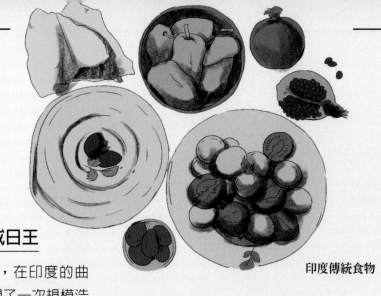

印度傳統食物

戒日王

604 年，印度北部一個小國的國王突然患病去世，兩個鄰國趁機出兵攻打它。太子繼位後，也被刺客殺害，於是整個國家陷入一片混亂之中。

在這個危急關頭，太子的弟弟，年僅 16 歲的曷利沙繼承了王位。他率領大軍出征，成功擊退了敵人，拯救了自己的國家。

這位年輕的國王在之後的數十年裡東征西討，成為整個印度半島上最強大的君主，他號「戒日」，因此人們稱他為「戒日王」。

玄奘與戒日王

642 年 12 月，在印度的曲女城，戒日王召開了一次規模浩大的佛教辯論大會。共有 20 位來自印度各地的國王，數千名佛教僧人和宗教人士參加會議。

在這場大會上，一位神祕的客人登上了講壇——他就是來自中國唐朝的玄奘法師。經過一番精彩的演講與辯論，在場的所有人都被玄奘法師所折服，他也因此名揚整個印度。

玄奘法師就是中國古典小說《西遊記》中唐三藏的原型。歷史上，他萬里迢迢來到印度學習佛法。戒日王聽說他的事蹟後，十分震驚，在交流的過程中與玄奘法師結下了深厚的友誼。數年後，玄奘法師帶著大量經文返回大唐。

印度僧人

棉花種植

迦梨陀娑

善性、優性和暗性

古印度人將人的性格分成了三種，分別是「善性」、「優性」和「暗性」。

善性代表了純潔、明亮和健康，優性代表了渴望、行動和執著，而暗性則代表了無知、原始與貪婪，這三種本性共同構成了人類的靈魂。

如果人們缺乏善性，就會變得愚蠢無知；如果人們缺乏優性，就會變得慵懶，沒有志氣；如果人們缺乏暗性，就會不懂得保護自己。

印度雕塑

樂隊

印度匠人

印度商人

笈多王朝

101

印
度
與
唐
朝
戰
爭

印度中古時期歷史脈絡

（320 年－1526 年）

中古時期的印度，邦國林立，互相征戰不休，來自西方的外族不斷入侵。

紛亂的時代帶來了文化的交融，宗教的碰撞催生出了無數嶄新的思想。一度昌盛的佛教逐漸在印度半島上衰弱，而全新的信仰則隨著征服者進入了這片土地。

1 笈多王朝

（約 320 年－約 550 年）

笈（jí）多王朝統一了印度北部、中部及西部部分地區。這一時期，印度的經濟、文化都發展迅速，是印度歷史上的「黃金時期」。

2 戒日王朝

（606 年－647 年）

笈多王朝由於外敵入侵而毀滅，印度北方再次分裂。數十年後，戒日王統一了印度北方，建立了戒日王朝。然而，戒日王死後不久，印度再一次分裂。

印度和中國自古往來密切

3　拉傑普特時期

（647 年—1206 年）

在當時的印度北部，有一批人被稱為「拉傑普特人」，他們是外族人與印度當地人混婚之後形成的一個新民族。

拉傑普特人天生就喜好武藝，打仗時勇猛善戰。拉傑普特人在印度北部曾多次建立王朝，但沒有成功統一過印度。

4　德里蘇丹國

（1206 年—1526 年）

距今 800 年前，突厥人入侵了印度半島，他們在德里城設立首都，並稱之為「德里蘇丹國」。

德里蘇丹國延續了 300 多年，疆域最大時幾乎覆蓋了整個印度半島。直到 1526 年，來自中亞的突厥化的蒙古人入侵印度半島，打敗了德里蘇丹國，建立了蒙兀兒帝國。

戒日王雕像

歷史是什麼：是過去傳到將來的回聲，是將來對過去的反映。

——〔法〕雨果《笑面人》

國家圖書館出版品預行編目資料

用全景地圖學世界史／魏新編寫, 星蔚時代編繪.
-- 初版. -- 臺北市：五南圖書出版股份有限公司,
2021.04
　　面；　公分

ISBN 978-986-522-370-0（上冊：精裝）

1.世界史

710　　　　　　　　　　　　109018731

ZW19　少年博雅 032

用全景地圖學世界史（上）
史前到中古時期

編　　　者：魏新
編　繪　者：星蔚時代
校　　　訂：余慶俊
發 行 人：楊榮川
總 經 理：楊士清
總 編 輯：楊秀麗
副總編輯：劉靜芬
責任編輯：黃郁婷、黃麗玟
封面設計：王麗娟
出 版 者：五南圖書出版股份有限公司
地　　　址：106 台北市大安區和平東路二段 339 號 4 樓
電　　　話：(02)2705-5066
傳　　　真：(02)2706-6100
劃撥帳號：01068953
戶　　　名：五南圖書出版股份有限公司
網　　　址：https://www.wunan.com.tw
電子郵件：wunan@wunan.com.tw
法律顧問：林勝安律師事務所　林勝安律師

出版日期：2021 年 4 月初版一刷
定　　　價：新臺幣 520 元